YURI AND[RUKHOVYCH] [was born in] Stanislav, Ukraine, in 1960. He i[s the author of five] books of poetry, seven novels, and several essay collections. In the mid 1980s, he cofounded the poetical group Bu-Ba-Bu (Burlesque-Sideshow-Buffoonery), which rebelled against socialist realism, promoting a new ludic ethos of poetic and aesthetic freedom. Widely regarded as one of the most important figures in contemporary Ukrainian literature, he is the recipient of the 2014 Hannah Arendt Prize and the 2022 Heinrich Heine Prize. He lives in Ukraine.

JOHN HENNESSY is the poetry editor of *The Common* and the author of three collections, *Exit Garden State*, *Bridge and Tunnel*, and *Coney Island Pilgrims*. His work appears in *The Best American Poetry* 2013 and 2024, and with Ostap Kin he is the recipient of the John Frederick Nims Memorial Prize for Translation from *Poetry* magazine. He teaches at the University of Massachusetts, Amherst.

OSTAP KIN is the editor of *Babyn Yar: Ukrainian Poets Respond* and *New York Elegies: Ukrainian Poems on the City*, which won the American Association for Ukrainian Studies Prize for Best Translation. *Babyn Yar: Ukrainian Poets Respond* (co-translated with John Hennessy) received an honorable mention from the American Association for Ukrainian Studies for best translation and Serhiy Zhadan's *A New Orthography* (also co-translated with Hennessy) was a winner of the Derek Walcott Prize.

Yuri Andrukhovych

Set Change
and Other Poems

TRANSLATED FROM THE UKRAINIAN BY
JOHN HENNESSY AND OSTAP KIN

NYRB/POETS

NEW YORK REVIEW BOOKS   *New York*

THIS IS A NEW YORK REVIEW BOOK
PUBLISHED BY THE NEW YORK REVIEW OF BOOKS
207 East 32nd Street, New York, NY 10016
www.nyrb.com

UKRAINIAN This book has been published
⫻⫻⫲BOOK with the support of the Translate
INSTITUTE Ukraine Translation Program.

Library of Congress Cataloging-in-Publication Data
Names: Andrukhovych, I͡Uriĭ, 1960– author. | Hennessy, John, 1965–
   translator. | Kin', Ostap, translator.
Title: Set change: selected poems / by Yuri Andrukhovych; translated
   from the Ukrainian by John Hennessy and Ostap Kin.
Description: New York City: New York Review Books, 2024. | Series: New
   York Review Books poets
Identifiers: LCCN 2024008827 (print) | LCCN 2024008828 (ebook) | ISBN
   9781681378848 (paperback) | ISBN 9781681378855 (ebook)
Subjects: LCSH: Andrukhovych, I͡Uriĭ, 1960—Translations into English. |
   LCGFT: Poetry.
Classification: LCC PG3949.1.N296 S48 2024 (print) | LCC PG3949.1.N296
   (ebook) | DDC 891.71/44—dc23/eng/20240525
LC record available at https://lccn.loc.gov/2024008827
LC ebook record available at https://lccn.loc.gov/2024008828

ISBN 978-168-137-884-8
Available as an electronic book; ISBN 978-168-137-885-5

Cover and book design by Emily Singer

Printed in the United States of America on acid-free paper.
10 9 8 7 6 5 4 3 2 1

Contents

INDIA

INTRODUCTION

YURI ANDRUKHOVYCH was born in the western Ukrainian city of Stanislav (now Ivano-Frankivsk) in 1960. His formative years were spent there, his decisive years in Lviv, where he attended college. Over the previous hundred years, both these cities had belonged to multiple empires, and a joke standard among Eastern European historians is that residents of that part of the world did not have to leave home to have lived in as many as half a dozen countries. In Lviv, the shadow of history was inescapable.

Andrukhovych's poems first appeared in print in 1982, when he was twenty-two years old—coincidentally, alongside translations of the work of Edgar Allan Poe, a writer he admired. For the most part, the years leading up to perestroika were a time of stagnation, but change was clearly imminent. The Soviet Union remained a totalitarian state, ready to harm its citizens spiritually and physically for choosing to be in any way different—but the strictures of socialist realism that had long dominated the arts were beginning to loosen. With that came new possibilities to investigate and to draw on the poetry of the Ukrainian past: baroque poetry, viewed by some scholars as the heyday of Ukrainian poetry, and key works from the country's literary history such as Ivan Kotliarevsky's mock-heroic *Eneida* (*Aeneid*; 1798), one of the first Ukrainian works of poetry composed in the vernacular and the text that opened the gates to comedy, irony, and self-parody—in short, the burlesque. Gogol's fantasies were also important to Andrukhovych, as were the Ukrainian modernist poets of the 1920s and early 1930s. Many of those poets perished in the Stalinist purges of the 1930s; their long-forbidden work had finally begun to reemerge in the 1980s and made a mark on many of the writers of the time. Work published in samizdat was likewise essential.

And so too was the Western rock that Andrukhovych heard in the artists' studios he frequented at the time. (His work was to be set to music by some of Ukraine's most notorious bands.) These unconventional spaces offered art and poetry and music that were as far as could be from official dictates. They brimmed with new ideas and new forms.

Between 1982 and 1990, Andrukhovych was active primarily as a poet, and his poems established him as a major figure in contemporary Ukrainian literature. Later, he turned his attention to prose, especially essays and novels, where his contribution, in such books as *Recreations*, *The Moscoviad*, and *Perverzion*, has been no less remarkable and influential. (In 2004 he published another book of poems, *Songs for a Dead Rooster*, a comic challenge to a band that had set his work to music, and in 2013 *Letters to Ukraine*, his selected poems, appeared.) The poems presented here in this book are drawn from the volumes Andrukhovych published in that first decade of his career: *Sky and Squares* (*Nebo i ploshchi*,

1985), *Downtown* (*Seredmistia*, 1989), *Exotic Birds and Plants* (*Ekzotychni ptakhy i roslyny*, 1991)—as well as from his two significant cycles published separately: "Letters to Ukraine" (*Lysty v Ukrainu*, 1990; published in 1993) and "India" (1990; published in 1996). They constitute the most substantial selection of Andrukhovych's poetry to be published in English.

Andrukhovych's debut collection, *Sky and Squares*, was enthusiastically received by critics and widely reviewed in literary journals. It's marked by the search for words and images that stand in opposition to the dreariness of everyday life in this era of stagnation. The poems engage in a vivid dialogue with an inner "I" and seek to provide a firm aesthetic foundation for the young artist. The seeds of the even more accomplished collections to come—in which Andrukhovych would go on to investigate the collision and coexistence of the present and past, and the formation of memory—were also clearly apparent.

Andrukhovych's peculiar aesthetics are characterized by a striking blend of irony and implied political critique. His works are playful, free-spirited, and full of wordplay, but at the same time, their intent is unflaggingly serious, posing questions about the poet's relation to his country's history. Andrukhovych is both a worldly poet and a poet deeply rooted in the rich and bitter soil of Ukrainian history and culture.

His second collection, *Downtown*, was written during the time of perestroika, when Mikhail Gorbachev's ultimately futile efforts to reform the Soviet system led to a loosening of the government's grip. These poems, composed when Andrukhovych was in his mid-twenties, focus on the philosophical aspect of the passing of time and can be read as indirectly autobiographical. Here he explores the cities of his childhood and youth, revealing his native Ivano-Frankivsk and Lviv as historical palimpsests in which all time (and many events and figures) is "present" in surprising ways, sometimes comic and sometimes tragic, or both simultaneously.

In the late 1980s, Ukrainian poetry entered a distinct, new phase of experimentation: new forms, paradoxically drawing on Ukrainian and international avant-gardes of yore, and previously forbidden topics were broached. Andrukhovych's *Exotic Birds and Plants* reflects his involvement in the group Bu-Ba-Bu, which he had cofounded with Oleksandr Irvanets and Viktor Neborak in 1985. The name derives from the first syllables of the words *burlesk* (burlesque), *balahan* (sideshow), and *bufonada* (buffoonery), and the poetry that emerged from it was highly performative and marked by a taste for parody and playfulness. *Balahan* (sideshow) in Ukrainian can signify a small theater or a traveling circus and suggests an impromptu, improvisatory aesthetic. The poems in the book, nostalgic as much as new, make the reader wonder, as one Ukrainian critic put it, whether history produces nostalgia or nostalgia creates history. Andrukhovych pays equal dues to both. Many of the poems are part quest, part elegy, with hope and doubt both in attendance.

This collection consists of poems written in the course of roughly a decade, a short period, but one in which Andrukhovych's work developed dramatically. Intrinsically complex, the poems are always confronting new contradictions. His approach to verse construction is no less fascinating. There is astute attention to sound; his vocabulary combines colorful archaisms sandwiched between slang words and borderline obscenities in a shocking collage of registers. Our translation strives to capture these qualities of the verse—both the lexical mix and the larger soundscape—and to bring out Andrukhovych's complicated array of characters, masks, and portraits. Throughout, we have sought to approximate both the content and the form of the original as closely as possible.

These books published by Andrukhovych when he was a young man transformed Ukrainian poetry, in print and in performance, from a social-realist slog to a new verse, global in its influences and appeal, and infused with enormous postmodern energies. Here are some fifty poems from those volumes. Too few? Too many? Some of these works have already entered the canon of Ukrainian literature and are regularly anthologized and studied. We hope the reader will come away with a profound appreciation of the new world of poetic possibility Andrukhovych opened, and all of the different surprising and memorable things that are found there.

—*John Hennessy and Ostap Kin*

Sky and Squares

Балада повернення

Коли мандрівник повернувся додому,
ступив за ворота, зійшов на поріг,
здійнявши на плечі дорогу і втому,
всі радощі світу вляглися до ніг.

Його не забули, його зустрічали:
вечеря з вином—на широкім столі.
Чомусь не казав про далекі причали,
замкнувши в устах невідомі жалі.

І всім було дивно, і жінка до ранку
зітхала в даремній гонитві за сном.
А він все дивився туди, за фіранку,
де зірка по небу пливла над вікном.

The Ballad of Return

When the traveler came back home,
passed the gates, crossed the threshold,
hefting on his shoulders the road and fatigue,
all the joys of this world landed at his feet.

He wasn't forgotten, they'd waited for him:
dinner with wine at a generous table.
Somehow, he didn't talk about distant berths,
locking unknown sadness between his lips.

And everyone wondered, and his wife
sighed in vain pursuit of sleep until morning.
But he kept watching there, behind the curtain,
where a star swam through the sky above the window.

* * *

Фарбування хреста на весняному цвинтарі,
де кульбаби з могил, де в тюльпанах—джмелі,
де камінний божок тихо грає на цитрі
над зеленим вогнем, що постав із землі,

де над нами—літак, і синичка гойднула
пружну павіть бузку, що пахка і тремка.
Це—солодкі міста поховань. Це минуле,
що квітує з глибин. Це підземна ріка,

що виходить на світ млосним запахом стебел
(запах лаку й роси пряно лине з хреста).
Отже, ті, що пішли, нам догідливо стелять
посейбічні шляхи. Глибина? Висота?

І зеленим горить їх свіча семафорна,
а маленький літак п'є густі небеса.
Ані слова про смерть. Це всього тільки форма
з вічним змістом: життя

                          і джмелі,

                                    і роса.

[Painting a cross at the cemetery in spring]

Painting a cross at the cemetery in spring,
where dandelions sprout from graves, bumblebees buzz
    tulips,
where a small stone goddess silently plays the zither
above the green fire reviving from the earth,

where an airplane flies above us, and a titmouse sways
a supple branch of lilac, spreading scent and quivering.
The sweet cities of burial. The past flowering
from the depths. The underground river

that emerges into the world with the odor of decaying stems
(the spice of varnish and dew drifts from a cross).
So, those who've passed on courteously pave us
earthly paths. Their depth? Their height?

And their semaphore-like candle burns green,
and a small airplane drinks the dense sky.
Not a word about death—it's just a form
with an eternal meaning: life
                        and bumblebees,
                                and dew.

Музей старожитностей

Як ми ходимо обоє
нетрями старого дому!..
Гобелени і гобої
славлять пару невідому,

ніби бачать
нашу змову:
кожен дотик—
теплий спалах.
І тоді ми знову й знову
переходимо
в дзеркалах.

На годиннику з гербами,
як завжди, година друга,
крадеться услід за нами,
може, туга, може, фуга.

Повз портрети
і портшези
з нами йде
луна від кроків.
Ми кудись надовго щезли
(двісті років?
Триста років?).

І, коли вже стане темно,
з неопалених покоїв
(я, здається, вівся чемно,
я нічого не накоїв),

The Museum of Antiquities

How the two of us walk
the cramped labyrinths of an old house!
Tapestries and trumpets
glorify an unknown couple,

as if seeing
our conspiracy:
every touch
a warm flash.
And then again and again
we pass
in the mirrors.

The clock with blazons
indicates, as always, it's two,
and sneaking after us
maybe anguish, maybe a fugue.

Passing portraits
and palanquins
an echo of footsteps
walks with us.
We disappeared somewhere for a long time
(for two hundred years?
For three hundred?).

And when it gets dark,
from unheated rooms
(I seem to have behaved well,
I did nothing wrong),

у жаркі вогні неонні
повертаємось навіки.
Я несу тебе в долоні,
і життя таке велике…

into hot neon lights
we return forever.
I carry you in my hand,
and life is so vast...

Станси

Ті роки віддаляються помалу.

Будинок наш був близько від вокзалу,
а там—надсадні чорні роботяги—
вночі гули незримі паротяги.

Проз ґанок мандрували пішоходи,
залежні від любові та погоди,
несли свої плащі, печалі й плечі,
плащі та шпаги теж були, до речі,
бо всі ми зберігаємо надію
на головну і трепетну подію.

Акація (та, що зрубали згодом)
була у згоді з віковічним ходом
дощів і сонць і, як живе знамено,
у шибах відбивалася зелено.

А ще там був бузок—худе створіння,
що чахло від листків і до коріння.
Та раз на рік він терпнув ошаліло
і квітнув, хоч воно йому боліло.

(Доцільно ще згадати бузину—
густезну, запашну і осяйну,
і те, як затремтівши на кущі,
веселка проступала крізь дощі.)

Stanzas

Those years are slowly fading.

Our house was by the railroad station
where engines covered in soot hammered
and invisible locomotives roared at night.

Pedestrians passed by our porch,
their moods dependent on love
and weather, coats and sorrows
carried over their shoulders, invisible
swords drawn but hesitant—as if awaiting
tournament trumpets to launch their lives.

The acacia (the one that was cut down later)
grew according to a centuries-long span
of rain and sun, and, like a lively banner,
the windows reflected its green flash.

And there was lilac, a skinny creature,
diminished from the leaves to the roots.
But once a year it flushed numb madly
and flourished although it was in pain.

(It's worth mentioning the elderberry—
dense, aromatic, and luminous,
and how, after trembling on the bush,
a rainbow surfaced through the drizzle.)

Зима також у тих краях бувала—
різдвяна і зухвала, мов навала,
і віхола влітала всепроникна
в холодні двері і намерзлі вікна.

І в ліхтарях палали помаранчі,
коли, громохкі відра взявши вранці,
протоптували сніг після хуртечі,
а по хатах ревли брунатні печі…

Ті роки даленіють, ніби притчі,
та хто солодші спогади нам витче?..

Those lands were also full of winter—
Christmassy and audacious, like an invasion,
and a piercing whirlwind flew in
through cold doorways and frozen windows.

And in the lanterns oranges burned,
buckets clanking through the morning,
snow trampled after a blizzard,
brown brick ovens roaring inside houses...

Those years are fading like those legends,
but who will weave us sweeter memories?

Кольорове кіно

Немов із тьми, із мороку, з нічого—
цю мить крізь нас прошито, наче нить—
з-над наших пліч—із прасвіту нічного—
ріка, що сяє. Світло, що летить.

На тло екрана, в надто білий спокій,
на полотно, на ґрунт площинних піль
воно летить по темряві безокій,
воно містке, як сім'я або сіль.

І в цьому залі, звідки світло гнали,
де вуличний промінчик геть зачах,
вібрують інші світляні канали
і відсвіти блукають по очах.

Екран розкрився—він розкрилля брами.
Він погляди і душі так змістив,
що ми, немов засмоктані вітрами,
впадаємо в цю зміну перспектив,
у зміну барв, пейзажів і покоїв,
торкаємось вогню, землі, води…

Але—не так! не тих! і не такої!
Тут є стіна, екран—стіна завжди.

Тому, коли в кінці розсунуть штори
і крізь проходи в зал поллється день,
йдемо, немов з підземних коридорів,
по цигарки сягаєм до кишень.

Color Film

As if from darkness, from gloom, from nothing—
this moment is sewn through us like a thread—
from above our shoulders—from primeval night—
a shining river. A flying light.

Onto the screen, onto a white calm,
onto a cloth, onto the ground of spatial fields,
it flies through the eyeless dark,
it's as voluminous as seed or salt.

And in this theater, where light's been banished,
where even streetlight fades away completely,
other light channels vibrate,
and reflections wander through the eye.

The curtains open up—the wings of a gate.
The screen shifts our eyes and souls
so that we reach new perspectives,
blown by the wind into the changing
of colors, landscapes, rooms,
we touch fire, earth, water.

But no! Not those! And not like that!
There's a wall here, the screen's always a wall.

So, when the shades are opened and it's over,
daylight pours through the aisles,
we walk as if from underground corridors,

Виходимо, як повінь, як затока,
і знову розмовляємо про щось…
О дійсносте сліпуча і висока!

Вчимось любити. Бачити вчимось.

we reach for cigarettes in our pockets.
We exit like a flood, like a tide,
and start talking again.
O reality, blinding and sublime!

We learn to love. We learn to see.

Downtown

Елегія шістдесятих

Літо пахло м'ячем, бузиною, порічкою,
в надвечірніх кущах цілувалися пари,
і коли надвечір'я осідало за річкою,
пахли теплим дощем кам'яні тротуари.

М'яч летів до небес над антенами й липами,
шкіряне і космічне було його тіло.
З виноградних альтан пубертатними схлипами
розтікався у світ вундеркінд Робертіно.

Ніч густішала вмить, отже, танув у темряві
м'яч, різкішали лампи в садах і на ґанках,
потаємна глибінь відкривалась у дереві,
озивалися тіні на бляклих фіранках.

М'яч уже не вертався:
                                            пропав на дистанції.
З водограїв занедбаних кумкали жаби
у просяклому парку, де щовечора танці,
де хрипів саксофон, де ходили з ножами.

М'яч лишався вгорі, а роки розгорталися,
мов піщані моря, мов солоні пустелі,
і до ранку для нас, мов у сні, оберталися
і скрипіли примарні й жахні каруселі.

Elegy for the Sixties

Summer, the smell of a soccer ball, elderberry, currant,
couples made out in the evening bushes,
and when the twilight descended beyond the river,
the stony sidewalks smelled of warm rain.

The soccer ball flew over antennas and linden trees,
its body leather and cosmic.
From grape-covered arbors, with pubescent sobs,
songs of the prodigy Robertino spread through the world.

The night thickened instantly, the ball melted
in the darkness, lamps lit up in the orchards and porches,
a mysterious depth opened in a treetop,
the shadows on the faded curtains spoke.

The ball never came back:
                                        disappeared in the distance.
Frogs croaked from neglected fountains
in the park where there were dances every night,
where a saxophone wheezed, where they carried knives.

The ball remained in the air, and the years unfolded
like sandy seas, like salty deserts,
and spooky carousels horrendously circled
and creaked for us, as in a dream, until morning.

Елегія сусідських облич

Пані Гошовська дивилася вічно з вікна,
схожа в цілому на грушку Луї-Філіппа,
як сіявся дощ і як вогко тьмяніла стіна—
пані Гошовська походила з відеокліпа.
Її чоловік біловусий, у літньому френчі
(за Польщі служив ревізором на залізниці)
стирчав з-над паркану й очі втикав старечі,
як назавше зникали в дощах сукні-спідниці,

і минали літа, і надходила осінь, і сльоти,
і на ринвах узимку іскріли бурульки *сосальні*,
і ховали Ісаю, що виніс і ґетто, й сухоти,
і сухі були очі в молодшої доньки Сусанни,
а родина шевців тарабанила звідкись вінка,
що, занадто барвистий, блищав урочисто,
і старого спровадили в землю за місто
(а пані Гошовська дивилась на все це з вікна).

Потім—знов було літо, пилюка, і сірі м'ячі
залітали в городи і бризки збивали зі скла,
і з'являлася тітка, нервова, як вогник свічі,
і сварила босоту, що знов їй квітник потовкла,
бо тюльпанні грядки, як незмінна остання сорочка,
стали сенсом життя, як найвища екстрема—
тьотя Дуся, вдова, ветеранка й ворожка,
що казала не хризантема, а резантирема.

Elegy for Our Neighborhood Figures

Mrs. Hoshovska always watched from the window
looking like French King Louis Philippe drawn as a pear
whenever it rained, when the wall dimmed damply—
Mrs. Hoshovska seemed to come from a video clip.
Her husband, with gray mustache, wearing a light *french*
(because he served as a railroad inspector in Polish times)
and sticking out from behind the fence, keenly observed
how dresses and skirts disappeared into the rain forever,

and the summers passed, and the fall arrived, and the sleet,
and lickable icicles sparked on gutters in winter,
and they buried Isayah, who survived the ghetto and
    tuberculosis,
and his youngest daughter Susanna's eyes were dry,
his comrade cobblers dragged a wreath from somewhere
and, too colorful, it glittered ostentatiously,
and the old man was processed to the plot beyond the city
(and Mrs. Hoshovska watched all this from her window).

Later, summer came again, dust, and gray soccer balls
flew into backyards bouncing drops from wet windows,
and a woman appeared, as nervous as a candle flame,
and scolded the punks who trampled her flower garden
    again,
because her tulip beds, like one's last shirt,
became her sole sense of purpose, her apex—
aunty Dusya, widow, combatant, and fortune-teller,
who used to say not *chrysanthemum* but *rysanthechrum*.

Повертайтесь до мене усі—неписьменні і вчені,
лиш торкну вас рукою—й ви оживаєте знов:
Чорна Манька, що крала вугілля в бездонні кишені,
Доктор Дутка, що знав дев'ятнадцять мов,
малярі, грубники, гробарі, підозрілі медсестри,
квартиранти довічних веранд і тісних прибудов,
аноніми, занесені службами в пильні реєстри—
оживаєте, знову готові до чвар і обмов.
Як вощані ляльки, як фігурки ламкі з пластиліну—
пожильці привокзальних льохів у таємних садах,
в середину століття, в єдину і слушну хвилину,
ви під дерево щільно набилися, ніби під дах.

Що за дерево?
                          Величезний волоський горіх.
Восени він себе роздавав до останнього дна,
розсипаючись нам, як достатку горіховий ріг
(а пані Гошовська дивилась на все це з вікна).

Ми збирали горіхи у глеки,
                                    у відра,
                                                    в мішки,
ми живу гіркоту у долоні втирали.

…виїздили, міняли квартири, вмирали.
А життя все одно споришем обсипало стежки.
(Так пошерхлі вуста обсипає гарячка вночі.)

Ці прожиті міста—як пробиті ножами м'ячі.

Come back to me all—illiterate and educated,
as soon as I touch you with my hand—you will come to life
    again:
Black Manka, who used to put coal in her bottomless
    pockets,
Doctor Dutka, who knew nineteen languages,
painters, stokers, gravediggers, suspicious nurses,
the tenants of ancient verandas and cramped extensions,
anonymous residents registered by services on diligent lists—
you're coming to life, ready again for quarrels and gossip.
Like wax dolls, like fragile playdough figurines—
residents of cellars in mysterious gardens around a railroad
    station,
into the midcentury, at the only possible right moment,
you crowded tightly under the tree as under a roof.

What was this tree?
                        It's a gigantic walnut.
In fall, it gave itself away to the last root,
showering itself on us as if from the walnut horn of plenty,
(and Mrs. Hoshovska watched all this from her window).

We collected walnuts in jars,
                        in buckets,
                                in bags,
we rubbed the living bitterness into our palms.

. . . we moved, changed apartments, perished.
But still life strewed our path with pokeweed.
(The way fever chaps your lips at night.)

Those lived-in cities are like soccer balls pierced with
    knives.

Опівнічний політ з Високого замку

авжеж не райський сад не світять помаранчі
загублено стежки і втрачено сліди
а все що є у нас ліхтарик на підзамчі
і треба нам туди

збігати у пітьму яка непевна втіха
чи виросте вогонь
коли позолотить найменша іскра тиха
розсипаний пісок розрив поміж долонь

і тісно між дерев і темно в сьому граді
і тягнуться до нас обуджені гілки
та крізь нічне зело що пнеться на заваді
злітаємо з гори злітаємо таки

і жодної зорі лиш доторки тернові
і де ще той ліхтар чи світиться йому
подряпини легкі падіння варте крові
і навіть без надій
і навіть у пітьму

бо хто на світі ми
за сімома шляхами
шукаємо любов як золото в ріці

закрито всі доми
спідниця з реп'яхами
і скалка
на щоці

і скалка
на щоці

Midnight Flight from Highcastle

of course this isn't an earthly paradise no oranges gleam
trails are lost and so are our traces
all we see is a lamplight in castle town
and we need to head down there

running into the darkness what an unlikely pleasure
will the fire grow
when the smallest silent spark gilds
the scattered sand the gap between our palms

and it's tight between the trees and dark in this forest burg
and the awakened branches stretch towards us
and through the night greenery that turns up on the way
we take off from the hill we take off at last

and not a single star just the prick of thorns
and where is that lamplight is it still lit
small scratches falls all worth the blood drawn
and even without hopes
and even into the darkness

because who are we in this world
beyond the seven ways
we pan for love like gold in a river

all houses are locked
a skirt covered in burdock thistle
and a splinter
on the cheek

and a splinter
on the cheek

Три балади

1. Лемберзька катастрофа 1826 р.

Дня 14 липня 1826 року прийшла подія, що потрясла
цілим Львовом: стара ратушева вежа пополудні
зарисувалася й о годині чверть на сему вечором з
великим тріскотом завалилася. Наперед вже
опорожнено ринок з людей, але все-таки у звалищах
погиб трубач, двох жовнірів і кількох робітників.
*   І. Крип'якевич. «Історичні проходи по Львові»*

З отого дня суремного, як завалився ратуш,
усе навіки зважено і вписано в архів:
«Понесено у людності не так велику втрату:
погиб трубач, двох жовнірів, кількох робітників».

Маленька апокаліпса на ринковому пляці:
з розпуки позіхнуло трагічне місто Львів,
мов гер таємний радник над аркушем реляції:
один трупач,

    тфох шофнірів,

        кількох ропітникіф.

Зібрали вдовам на свічки, а матерям на ліки.
Дітей забрали в інтернат на вулицю Сиріт.
На поминках буяла чернь і мандрівні каліки
і гупав куксами о брук увесь калічий рід
(і кожен чесно їв і пив, і плакав, як умів:
погиб трубач, двох жовнірів, кількох робітників).

Three Ballads

I. THE 1826 LEMBERG CATASTROPHE

> *On July 14, 1826, an event occurred that shocked the*
> *whole city of Lviv: the old town hall tower lurched in*
> *the afternoon, and at 6:45 in the evening it collapsed*
> *with a loud clamor. The market square had been*
> *vacated earlier, but one trumpeter, two soldiers,*
> *and a few workers died in the ruins.*
> —Ivan Krypiakevych, *Historical Walking Tours of Lviv*

Everything's already been studied and archived
from that calamitous day the tower collapsed:
"The number of casualties is not that high:
one trumpeter, two soldiers, and a few workers died."

A trifling apocalypse on the market square:
the tragic city of Lviv yawned from despair
like *Herr* privy councilor when reading a dispatch:
"one trumpetorr,
                two soldiorrs,
                             a few workorrs."

Some candles for their widows, medicine for their mothers,
their children sent to boarding school on Orphans Street.
The wake was crowded with the poor and disabled,
cobblestones echoed the plonk of wooden legs
(and everyone ate and drank and cried as honestly as they
    could:
one trumpeter, two soldiers, a few workers died).

Поховані під вежею, вони ввійшли в комори,
де світло мре і твердне кров, де вже не чути з тьми,
як на майданах і в шинках реве житейське море.
Там інше світло—і воно біліє над кістьми.

Вони зійшли в підземну хлань, немовби в інше місто—
їх не любили на землі й забули серед хмар.
Ішов попереду трубач.
                              Він дув натхненно й чисто—
так, ніби не трубу тримав, а вогняний ліхтар.

Коли ж посмертні очі в них зітліли, мов одежа,
вони злягли на дно камінь—плече коло плеча,
лиш не вгавав, як джерело, і виростав, як вежа,
таємний і хрипкий сигнал—відозва трубача.

Buried under the tower, they ended up in storage rooms
where light dies and hardens the blood, where darkness
    deafens,
while the sea of life roars in the squares and taverns.
There is a different light—and it's white above the bones.

They descended into the underworld as if into another city.
They weren't loved on earth and were forgotten among the
    clouds.
A trumpeter walked in front.
                        He blew with fervor and precision—
as if he held not a trumpet but a blazing lantern.

But when the eyes of the dead faded like their clothes,
they lay among the stones—shoulder to shoulder,
unstoppable as a spring and growing like a tower,
a secret wheezing signal, the trumpeter's call.

2. Дидактична вистава в театрі Богуславського

*Велике враження у Львові зробило те, як один із
акторів відкрив домовини з людськими
кістяками,—при перебудові костела на театр
забуто усунути з підземелля давніх покійників…*
    І. Крип'якевич. «Історичні проходи по Львові»

Панове публіка, для трепету і млості,
для гостроти і свіжості в серцях
репрезентуєм підземельні кості.
Панове, всі ми ходим по мерцях,

як по мостах. Вони лежать під нами,
тверді, мов підмурівки у домах—
ростуть униз невидними вогнями.
Пройміться світлом ниних костомах!

Розкішно вам у ложі, мов на лоні,
на галереях—тупіт і аншлаг,
ви так бурхливо плещете в долоні,
немовби винні в смерті бідолах.

Панове, цить!
            (Стікає воском люстра.)
Мерці мерцями, їм не в голові.
А ми—мов лишаї на тілі людства—
голодні, геніальні і живі.

Тож порятуйте нас! і лорнетуйте
худу й безкровну шкіру галатей.
Подайте хліба, рани побинтуйте—
панове, всі ми схожі на людей,

2. A DIDACTIC PLAY AT THE BOGUSŁAWSKI THEATRE

It caused a great stir in Lviv when one of the actors
opened a coffin with human bones; during the
reconstruction of the church into a theater, they
forgot to remove ancient corpses from the cellars...
—Ivan Krypiakevych, *Historic Walking Tours of Lviv*

Dear audience, to bring tremors and fainting,
send a fresh sharp pain through your hearts,
we're showing you these basement bones.
Ladies and gentlemen, we all stroll over the dead

as we do across bridges. They lie beneath us,
hard as the foundations of houses—
they grow into the ground like invisible lights.
Enjoy the light of these meager bones!

You feel lavish in an opera box, like a womb,
there's stomping in the balconies—it's packed, sold
out, you clap your hands so ferociously
it's as if you'd killed them yourselves.

Ladies and gentlemen, hush!
                    (The chandeliers are dripping with wax.)
The dead are dead, they won't mind.
And we're like lichens on the body of humanity:
hungry, brilliant, and alive.

So save us! And see through your lorgnette
the thin and bloodless skin of these Galateas.
Serve us bread, bandage our wounds—
ladies and gentlemen, we all look like people,

зігравши королів і принців крові,
у вицвілих плащах, мов у мішках,
підем у тьму—в мансарди вечорові—
і спати полягаєм на дошках.

having played kings and crown princes
in our faded cloaks, our dreary sacks, let's go
out into the darkness—come to our evening attics—
and fall asleep on the floorboards.

3. Нашіптування віків

В 1885 р. Франц-Йосиф відвідав знову Замок у вечірній порі, в каварні гостила його шляхта, з балькону каварні цісар оглядав ілюмінацію Львова на його честь.

І. Крип'якевич. *«Історичні проходи по Львові»*

Мій цісарю, хвала тобі—яка щаслива нація,
що ти ступив на наш пісок вечірньої пори.
Кущем небесним зацвіла ясна ілюмінація,
остроги в тебе сріберні. Ти дивишся з гори.

І дим ракетниць очі їсть—яке палке зворушення!
У церемоній майстра з напруги карк упрів.
Ми всі готові хоч на смерть, мов посполите рушення,
і сльози капають з очей гицлів та шандарів.

(Наш загумінок став як сад. Петардами і бомбами
обстріляно небесне дно для більшої краси.
Оркестри віддано ревли тромбонами і тромбами,
повії прали неґліже і пудрили носи.)

Ілюмінація! Оркестр! Волаємо і граємо:
цісарська доля—наче сфінкс, і що вона пошле?—
чуму, пожежу чи війну, небіжчика в Сараєві,
тож веселися, цісарю, ти ще дитя мале!

Ще маєш білого коня і капелюха з перами,
твердиня влади, мов горіх, імперія без меж,
таємно вішаєш когось, обдурюєш паперами,
і де ще той двадцятий вік, в якому ти помреш?

3. WHISPERING ACROSS CENTURIES

> *In 1885, Franz Joseph visited the Castle once more, in*
> *the evening. The noblemen took him out to a café, and*
> *from the balcony, the emperor observed the illumina-*
> *tion of Lviv in his honor.*
> —Ivan Krypiakevych, *Historical Walking Tours of Lviv*

My emperor, praise to you: our nation's overjoyed
because you set foot on our sand this evening.
Bright illumination ignited like a heavenly bush,
your spurs sparked silver. You watch from the hill.

Smoke from fireworks eats our eyes, an emotional burn!
The master of ceremonies is sweating, tense.
We're all ready to die, even, like a peasant uprising,
and tears drip from the eyes of dogcatchers and gendarmes.

(Our province became a garden. Firecrackers and rockets
launched at the underside of the sky for greater beauty.
Orchestras faithfully roared with trombones and thrombus,
prostitutes washed their negligees and powdered their noses.)

Illumination! Orchestra! We shout and play—
the fate of our emperor is like a sphinx, and what will it
     send?—
plague, fire or war, the dead man in Sarajevo,
so have fun, emperor, you're still just a kid!

You still have a white horse and a feathered hat,
your power is tight, like a walnut, empire endless,
you secretly hang people, cheat, forge, and scheme,
and where is that twentieth century in which you will die?

Фотоетюди

Етюд серпня

серпень жарінь розпашілого глека
жовто спахнули дахи і портали
книга яку неуважно гортали
раптом сліпучо заквітла мов спека

серпень ріка невимовно солодка
плинуть будівлі старої сецесії
чиста й тонка світляна поволока
вкрила дерев полудневі процесії

серпень моя невблаганна ідилія
теплого воску олійна держава
вулиця скрипка соната неділя
гостра як жала
        тривожна
           тужава

Photo Studies

AUGUST STUDY

august the heat of a scorching pot
roofs and portals yellow flashing
a book carelessly flipped through
suddenly dazzlingly blooming like heat

august is a river unspeakably mellow
the old secession buildings flow
a clean thin membrane of light
covers the noon processions of trees

august my relentless idyll
the oily state of warm wax
a street violin sonata sunday
sharp as a sting
                anxious
                      dense

Етюд неспокою

трава на камені вона
вночі росте у ранах дому
трава лунка немов луна
рослинне тіло в кам'яному

і ми так часто не спимо
і наслухаємо допоки
нічна трава зітхає мов
нічні озера і затоки

себе вганяючи мов клин
у ці крихкі тріскучі плити
запасти в усмішки щілин
триматись каменя і жити

хоча б між рейок і коліс
між днями виникне і снами
висока й чиста ніби ліс
трава яка прийде за нами

ANXIETY STUDY

at night grass grows through stone
through the wounds of the house
grass sonorous as an echo susurrous
plant bodies in rock

and often we can't sleep
we listen closely until
the night grass sighs like
nocturnal bays and lakes

driving itself like a wedge
through these cracking slabs
goes deep through smiling gaps
grips the stone and lives

at least between trains and tracks
emerges between our days and dreams
as high and pure as a forest
the grass that will come after us

Вуличний етюд

вітер то птах опівнічний змах
що там за вікнами в сонних домах

тьмяні жарівки свічковий сад
тихі водойми таємних кімнат

риби на стінах безгучно шепочуть
з кранів іржаві потоки хлюпочуть

отже прийшла кристалічна тверда
з чорних лісів запізніла вода

промінь метелика в люстро влетів
місячно вигнуті спини котів

чаші чарки на серветі
                    сервант
погруддя мислителя (може кант)

іноді з піни фіранки лице
визирне
            ніби чекав я на це

STREET STUDY

wind is a bird a midnight swing
what's beyond the windows in sleepy houses

dim lightbulbs a garden of candles
quiet basins of secret rooms

fish on the walls silently whisper
rusty streams squirt from taps

so crystal hard belated water
arrives from black forests

a butterfly's shadow flies into a mirror
the backs of cats curve like the moon

chalices shot glasses on a cloth
                              a cupboard
the bust of a thinker (probably kant)

sometimes from the foam of a curtain a face
glances out
                as if I was waiting for this

Етюд з воронами

на цьому світі стільки ірреального
шукаємо тверду земну основу
грудневе пиво біля кафедрального
і сірий день мугиче боса-нову

відлига як сльоза над містом лине
автобуси приходять і відходять
і в наших кухлях писаної глини
колишеться гірка бурштинна подать

ми так цього тепла затято прагнули
як вимерзле сплетіння винограду
ворони ці маленькі чорні ангели
збирають на фронтоні чорну раду

і тане сніг в якому так намішано
пісок і сіль тяжкі земні мірила
а ми в холодні кухлі тепло дишемо
і дивимось як мають чорні крила

CROW STUDY

so much in this world is unreal
we're looking for a solid earthly base
a december beer near the cathedral
and a gray day hums bossa nova

thaw like a tear towers over the city
buses arrive and depart
and in our ornate ceramic mugs
sways a bitter amber offering

we long so deeply for this warmth
like a frozen plexus of grapes
these crows are little black angels
they gather a black council on the pediment

and in the melting snow a mixture
of sand and salt heavy earthly measures
and we breathe warmth into cold mugs
and watch the way the black wings flap

Фаустове Різдво

1.Ніч

Ось тобі, вбога пуста голова,
перше знамення Різдва—
снігу добув ти для білих поем,
вітру черпнувши плащем.

Крила не тут, але біль від крила
на ніч прип'яв до стола—
мить, наче рибу, ловиш багром
і повертаєш в огром.

Тільки тепер вона має печать
віщих прозрінь і зачать.
Є в ній зима—цегляні димарі
теплі о білій порі.

Ось тобі й ніч, пуста голова,
напередодні Різдва.
Хочеш—придумай, як до зорі
рушили тріє царі.

Faust's Christmas

I. NIGHT

Here you go, poor knucklehead—
the first sign of Christmas—
you've gathered snow for white poems,
scooped up wind with your overcoat.

Your wings are missing, but you chained
their pain to the table for the night—
you catch a moment like a fish
on a pike, release it into the cosmos.

But now it has the imprint
of prophetic insights and conceptions.
There's winter in it—brick chimneys
are warm in this white time.

Here's the night, knucklehead,
it's Christmas Eve. And you,
if you want, can invent the route
for three kings, as they follow the star.

2. Зоря

Там, де нас немає і не буде,
сніг упав на вежі і сади.
В темряві жаріють без остуди
вогники у вікнах із слюди.

Сяють ночви, тесані до ладу,
і м'яка для купелі вода.
І зоря таємну має владу.
Ляда. Чоколяда. Коляда.

2. STAR

There, where we are not and will never be,
snow has fallen on towers and gardens.
In the darkness, the lights of mica within
the windows smolder without cooling down.

The trough shines, well carved,
and water's been drawn for a bath.
And the star has a secret power.
Candles. Chocolate. Christmas carols.

3. Сумнів

Такої ночі перейду місток,
ступлю на сніг і подолаю схил.
Всього мене—до мозку і кісток
пройме мороз, опівночі в сто сил.

О ніч німа, пустельна і совина!
Цей холод, ця тілесна печія…
Матерія—первинна. Це—провина.
(Як не моя й не Божа, то чия?)

Мої знання сумнівні і сумні.
Тому й жага нуртує, мов аорта,—
і я не сам: глузлива пика чорта
по-змовницьки підморгує мені.

Беріть мене, панове чортівня!
Тягніть у вир, де душу розітнуть.
А там, де народилося ягня,
про мене, ошалілого, зітхнуть…

3. DOUBT

On a night like this I'll cross the bridge,
step through the snow and climb over the hill.
Every bit of me—from brain to bones—
bitten by cold, one hundred-fold at midnight.

Oh night, mute, deserted and owlish!
This cold, this bodily burning.
Matter is primordial. This is guilt.
(If not mine, and God's, whose is it?)

My knowledge is doubtful and sad.
That's why my thirst throbs like an aorta,
and I'm not alone: the devil's mocking mug
winks at me in complicity.

Take me away, my devilish companion!
Drag me to the swirl where my soul gets lost.
And there, where the lamb was born,
they'll sigh for me, out of my mind.

Країна дітей

Усяке місто й містечко в землі козаків багаті мешканцями, надто ж маленькими дітьми. У кожному місті безліч дітей, і всі вміють читати, навіть сироти. Вдів і сиріт в цій країні дуже багато, чоловіків їхніх повбивано у безперервних війнах. Але в них є гарний звичай: вони одружують своїх дітей зовсім юними, і з цієї причини вони численніші від зір небесних та піску морського.

Подорожі Макарія, Патріарха Антіохійського: записано його супровідником архидияконом Павлом Алеппським, XVII ст.

З-над білих сорочок—подоба крил.
Ще зовсім юна кров. Найменші люди
зійшли у сон землі і тлін могил,
повітря сколихнувши, як прелюди.

Вони—мов мак, їх море звідусюди
іде в цей дім, в цей витоптаний діл.
З яких смертей, з якої тьми й полуди,
з яких кохань, з яких забитих тіл?—

З німих побоїщ і з гучних побід!
Сама любов повстала невтолима
в очах ночей!
        І засвіт—у похід,
і ранні вдови з іншими очима

The Country of Children

*Every town and village in the country of the Cossacks is full
of people, and particularly of small children; and each place
can pour forth probably some forty or fifty thousand souls,
and more. As to the children, they are more numerous than
the blades of grass; and they all know how to read: even the
orphans are so instructed; who, as well as the widows, are
very many here, their fathers and husbands having been
killed in the successive wars. But they have a salutary
practice of marrying their children when young; and for
this reason, they exceed in number the stars of heaven
and the sands of the ocean.*

> *Travels of Macarius, Patriarch of Antioch: written by
> his attendant Archdeacon Paul of Aleppo,
> seventeenth century, trans. F. C. Belfour*

Under white blouses, the semblance of wings.
Their blood still so new. The youngest people
descend into the dream of the soil, the decay of graves,
shaking the air like their ancient ancestors.

They are like poppies, a sea of them swells
into this house from all sides, into this trampled valley.
From which deaths, which darkness and blindness,
from which loves, and which murdered bodies?

From deaf battles and major victories!
From insatiable love observed
by the eyes of night!
                    Then dawn—and they hit the road,
and soon-to-be widows with unearthly eyes
stand motionless, so silent, as if final union

завмерлі, аж мовчать, аж наче схима
лягла на них. І янгольський політ
в сирітськім небі з квітами сухими.
І сто ворон, що кряче їм услід.

(до кого ви для чого ви де сто калік прочовгали
де палі наче милі у тріщинах до дна
убогими дорогами натішитесь недовго ви
ангелики волошки блудна сарана
колючки пустирні
байстрючки псалтирні
потерчата хирні
ягнята ясирні
та лучче б ви в деревах ненародженні спали
та лучче б ви листками на чорну глину впали)

Але повік не вищезне трава
на згарищах!
                Вони квітують рясно,
хоч біль і страх, і язва морова,
і сіль землі кривавить юні ясна,
і сивий попіл обмітає небо,
і рікам переламано хребти,
і згіркле світло плеще променеве—
їм тут цвісти.
                І в землю цю лягти.

(корабель дітей вирушає річкою
у сорочках найбіліших всі ніби херувими
ця земля збатогована вміє бути вічною
навіть палі проростають саджанцями живими)

with God has descended on them. And an angel flies
through the orphan sky with dry flowers.
And one hundred crows caw behind them.

(to whom and why did you one hundred wounded shuffle
where pikes are like threads reaching the bottom through
    the cracks
you won't enjoy bad roads for too long
tiny angels knapweeds wandering locusts
wasteland thorns
bastards from psalmbooks
unbaptized dead newborns
meek slaves of the Ottomans
better if you had slept unborn in the trunks of trees
better if you had fallen like leaves onto black clay.)

But the grass will never vanish
from this scorched terrain!
                        They grow profusely,
through pain, and fear, and plague,
and the salt of the earth makes young gums bleed,
and grey ash sweeps the sky,
and the courses of rivers are broken,
and the bitter light radiates—
they're destined to grow here.
                        And go down into this land.

(a ship full of children sails down a river
in the whitest blouses everyone looks like a cherub
this land whipped severely knows how to survive eternally
even living seedlings vine around stakes.)

Футбол на монастирському подвір'ї

...такої зелені не бачено сто років,
а може, й більше! Все вповите нею.
Ліси кущів безмовні та глибокі.
Вигадуй річку, просіку, алею,
закриті, ще не впізнані.

               Можливі
колона, арка й біла, мов папір,
сумирна вежа, рівня дикій сливі
(ростуть обидві з незбагненних пір).

Так зелено, що смійся або плач
між двох лісів, і невблаганний м'яч
між двох воріт, і піт, і сухо в роті,
і спів бджоли на нерухомій ноті.

А втім, воріт нема. Є дві цеглини,
затоптані в траву. І янголине
та голубине пір'я у траві.
І дві легкі кульбаби, тільки дві.

Літає м'яч! Проте його немає,
мов не було. Лише гарячий згусток
живих секунд, і він повз нас минає,
і трохи—в нас, і мчить у межі пусток.

Така вже гра: на тлі рослин і стін,
де вгадуються фрески, наче смерті,
догнати плач!.. Він котиться. І він,
мов літери, пощерблені й затерті,

Soccer on a Monastery Green

...such greenery hasn't been seen for a hundred years,
and maybe even more! Everything is covered with it.
The forest of bushes is silent and deep.
Invent a river, a glade, an alley,
closed off, not yet recognizable.

                         There might be
a column, an arch, a complacent tower
as white as paper, as tall as a wild plum tree
(both have been growing since who knows when).

It's so green that you can laugh or cry
between two forests, and an unstoppable soccer ball
roves between two goals, and sweat, and dry mouth,
and a bee's singing through a motionless note.

Although there aren't any goalposts. Just two
bricks, trampled into the grass. And there are
angel feathers and pigeon feathers in the grass.
And two light dandelions, only two.

The ball is flying! However, it's not here,
as if it never had been. Just a hot lump
of living seconds, and it passes us by, but a bit
enters us before rushing to the end of emptiness.

Such is this game: to catch up with the bawling—
it's rolling! Against a background of plants
and walls, where frescoes can be imagined
like deaths. And like letters carved and erased,

незримий слід і видих.

　　　　　　　Або дух.
Або хоч м'яч, повернутий минулим
у цю траву, між двох ожинних смуг,
де під ногами схимники поснули,
де крізь гілок цупке густе письмо
побачиш річку (просіку? алею?).

І ти, і я. Так близько стоїмо
над глибиною, пусткою, землею.

it leaves an invisible trace, exhales.

                                    Or maybe in spirit.
Or at least a soccer ball, returned to this grass
by the past, between two rows of blackberries,
where Schemamonks sleep in your path,
where through the thick dense writing of branches
you will see a river (glade? alley?).

And you, and me. We stay above
the depths, the emptiness, the earth.

Exotic Birds and Plants

Цирк «Ваґабундо»

I.

Я продаю квитки на магів і на мімів,
я коло входу став з ключами, мов Петро.
О діти передмість з устами херувимів!
Шатро—мов помаранч. Приходьте у шатро!

Ми йшли пісками міст, мов митарі за митом,
обсипані зірками й пухом із тополь,
наповнивши завулки світлом і блакитом,
скоривши Неаполь, Марсель і Леополь.

Директор цирку—йоґ і екстрасенс Ананда
(мов еполет, сидить на ньому скарабей).
Він—заклинач рослин, і світляна троянда,
неторкнута й німа, росте з його грудей.

Цукрова вата—харч для янголів і птаства,
мов кокони Коканду, мов паволока хмар—
для приміських дівчат яка солодка пастка,
аж світиться із них жадання, мов ліхтар.

О діти злих часів, посіяні в огромах
пастуших пустирів, де рейвах відлунав!
Приходьте у шатро. Один-єдиний помах—
і душі заясніють, як терен із канав.

The Vagabundo Circus

I.

I sell tickets for magicians and mimes,
I stand by the entrance with the key like Peter.
O small-town children with cherubic lips!
The tent's like an orange. Come inside, come in!

We walked through the sands of cities like tax collectors,
covered with stardust and pollen from poplars,
filling the alleys with azure and light,
conquering Naples, Marseilles, and Leopolis.

The ringmaster is the yogi and psychic, Ananda
(a scarab sits on his shoulder like an epaulet).
He conjures flowers, and a bright rose,
flawless and voiceless, grows from his chest.

Cotton candy is food for angels and birds,
like the cocoons of Kokand, like a veil of clouds—
what a sweet trap for small-town girls,
desire shines from them like a lantern.

O children of evil times, sown in the vastness
of pastoral wastelands where bedlam still echoes!
Come inside, come in! A single wave of the hand—
and souls will shine like white sloe in ditches.

2.

Я продаю квитки на блазнів і факірів,
на мерехтіння ламп і хихотіння мавп.
О власники грошей з обличчями вампірів,
для вас і ваших дам—парад у стилі «вамп».

От акробатки Ле липке лискуче тіло
звивається в кільце достоту, ніби вуж.
А от фіґляр Вендетто—як тонко, як уміло
протне він вас ножами під оркестровий туш!

Однак лише на мить (віват, панове смертні!):
усіх вас оживить на грані чорних тайн
приборкувач сирен, кентаврів, перевертнів,
гіпнотизер і дух Азріль де Франкенштайн.

І що почнеться тут! шизофренічні танці
банкірів і повій, графинь і різників!
О власники життя, о павуки у шклянці—
для вас—нервовий вальс, аж піна з язиків,

піротехнічний шал! і димові завіси—
це тільки ззовні цирк, а в глибині пітьма!
І в ній немає дна!—черниці та гульвіси
влітають у тунель, затягнуті сторчма…

2.

I sell tickets for jesters and fakirs,
for flickering lamps and giggling apes.
O moneybags with the face of a vampire,
here's a parade full of vamp for you and your ladies.

The acrobat Le's sticky and shiny body
twists and coils into a ring like a snake.
The magician Vendetto will subtly and skillfully
pierce you with knives while the orchestra flourishes!

And watch for just a moment (viva, dear mortals!):
the hypnotist and spiritualist Azril de Frankenstein,
the tamer of sirens, centaurs, and werewolves,
will bring you back to life, from the verge of dark secrets.

And what will happen here! the schizophrenic dances
of bankers and prostitutes, of countesses and butchers!
O people full of life, o spiders in a glass,
for you—a nervous waltz, foaming at the mouth—

a pyrotechnical madness! and smoke screens—
it's only a circus from the outside, but deep darkness within!
And it's bottomless! Both nuns and playboys fly off,
somersaulting head over heels down its black tunnel.

3.

Я продаю квитки на коней та верблюдів
у збруї золотій пошарпані боки.
О пильні сторожі з очима страхолюдів,
з очима без очей, з очима навпаки!

У наш духмяний хлів, де спалахи звіриних
вологих теплих тіл, де ситий дух кубла,
приходите і ви в службових пелеринах—
землисті голоси і кров, немов зола.

І звівши зимні очі на паперові зорі,
де в'є високі петлі мотоциклетний ас,
ви стежите сурму в ревкім його моторі—
яку майбутню бомбу пригріє він для вас?

Шукайте динаміт! Хай детектив залізе
в позакулісні сфери, пекельний, мов Марко.
Він витрусить намети, халати і валізи—
а звідти лише ластівки. І латані трико.

Ілюзіон! Мана! Сторожа заблукала
у цирку, мов у снах. Я прочитав ті сни:
листівки ластівок протяли стіни і дзеркала,
немов укуси кажанів—на шиях ордени.

3.

I sell tickets for horses and camels whose flanks
have been lacerated by golden stirrups.
O vigilant watchmen with the eyes of bogeymen,
with eyes sans eyes, with eyes in the back of your head!

In our fragrant barn where the warm, wet bodies
of animals shine, where their sated spirits rest,
you come in wearing your cape, your pelerine—
you hear the earthy chorus among the blood-like ash.

And having lifted your cold eyes to paper stars
where an ace motorcyclist spins high loops,
you listen to a trumpet in the roaring engine—
what future bomb is he preparing you for?

Search for dynamite! Let the obsessive detective,
thorough as hell, explore the backstage realms.
He'll rummage through tents, robes, and suitcases—
and find there only swallows. And patched tricots.

L'illusion! Deceit! Security guards have gone astray,
lost in the circus as in a dream. I read those dreams:
leaflet swallows slice through walls and mirrors
like the fangs of a bat—bites like medals on their necks.

4.

Я продаю квитки на цитри й тамбурини.
Втікає вам із рук ця музика ламка.
О вуличні філософи і кав'ярняні прими!
Це Соломії соло. Так тече ріка.

Це вище, ніж атлет, що гне залізні штанги.
і навіть—ніж лемур, що нявкає котом.
Від неї ніжними стають руді орангутанги,
і зорі замість дір пронизують картон.

Цирк обертається. Вгорі—співає Соломія.
Трапеція тремтить, немов крило живе.
Живемо в цьому Вавилоні—кожен як уміє,
ану ж вона зірветься вниз,

       чи спів на смерть зірве?!

Таж ми без неї—тлінь, безлика й без'язика,
що на тісних торгах міняє імена.
О містечкові віршарі в розбитих черевиках!
Ви кожному скажіть, що є у нас вона.

Є голос! І любов!..

     Але я замовкаю.
Це тільки ззовні цирк. А в дійсності—земля.
Я зупиняю механізм. Я касу замикаю.
Микаю-за. Ка-ю-ми-за. Бім-бом. І тра-ля-ля.

4.

I sell tickets for zithers and tambourines.
This fragile music slips through your hands.
O street philosophers and cafe prima donnas!
This is Solomia's solo. That's how the river flows.

Her voice is higher than the bending of steel bars,
higher than a lemur meowing like a cat.
Orange orangutans become gentler now,
and stars, not holes, pierce the cardboard sets.

The ring slowly spins. High above, Solomia sings.
Her trapeze trembles like a living wing.
We live in this Babylon—each as they can,
what if she falls,
      will her singing become death?

But without her we're rot, faceless and speechless,
selling our names on the cheap markets.
O small-town poets in broken-soled shoes!
Be sure you tell everyone that she still sings for us.

There's her voice! And her love!
        But now I'll be quiet.
This only seems like a circus. In reality, it's a realm, a land.
I'm shutting down the machines. And I'm closing the
  cashbox.
I'm closing, closing everything. Bim-bom! And tra-la-la.

Пані Капітанóва

Капітанська вдова мала білих мишей
в закапелку дірявої кухні,
а ще в неї був канарок Мішель
і носовички трикутні.

Втім ніхто не знав, де ночує вона,
по яких катакомбах приносить офіру?
Шльома Фішер подеколи давав їй банан,
або інший овоч, або фіґу.
(А найстарший з-поміж Андруховичів
ще й хліба давав до овочів.)

Королева завулків у веретті одінь,
капустина в лататті хустин.
А той капітан—що він був за один,
певно, вмер молодим і пустим?

І тому вклякала пречиста вдова
перед вівтарем зимної студні,
щоб глибинна летюча священна вода
змила з неї ці свята й будні.

А тоді розгортала полотна хустин
на рослинних ребрах решіток
і привселюдно сушила ці герби самоти,
недоречна, як пережиток.

А не стало її—та й Ринок зачах,
лиш піски аравійські слід її замітали.
Відлетіла, кажуть, на білих носовичках.
А ще кажуть, поховали її санітари.

The Captain's Wife

The captain's widow housed white mice
in the corners of her holey kitchen,
and she kept a canary called Michelle
and lots of those tricornered hankies.

But, where did she spend her nights,
in which catacombs make sacrifice?
Sometimes Schlomo Fisher gave her a banana,
sometimes a vegetable, sometimes the fig sign.
(And the oldest of the Andrukhovychs
even gave her bread along with vegetables.)

The queen of backstreets dressed in tatters,
her head a cabbage covered with scarves.
And that captain: what was up with him,
probably died young, full of emptiness.

And so the immaculate widow knelt
before the altar of the cold city well
so that the abyssal sacred flowing waters
washed away both holidays and weekdays.

Inappropriate as a relic, she untangled
her clot of veils, spread them over
the fence's vegetal ribs, and those emblems
of solitude dried where everyone could see them.

And when she was gone, the Market Square wilted
and Arabian sands swept over her tracks.
She flew away, they say, on white handkerchiefs.
But sometimes they say the orderlies buried her.

Старий Олійник

Ремонт парасольок—це водночас і розвага:
розпустиш її, мов дерево якесь кістяне чи бамбукове,
і тішишся, і не бачиш нічого довкіл, роззява,
читаєш дощів колишніх вицвілі букви.

Майстерня його—капличка в ніші замшілого муру,
туди несе парасольки все місто меланхолійне.
Засвічуються в шовках амури або лемури,
як тільки вимовлять люде його наймення олійне.

Злітають хінські дракони, всілякі інші екзоти:
маґнолії, орхідеї (таке все пишне, скоромне!).
А є парасольки чорні, як провінційні гризоти,
як діри на дні галактик або ворони.

Тому він любить під кайфом читати нотацію,
таку якусь несусвітну—не склеїти, не зрозуміти,
коли з недопитим кухлем обходить усю автостанцію,
де з вікон на нього витріщились прозектори та єзуїти.

Чи ж варто на світі жити заради старих парасольок?
Питання надто дражливе для мандрівних філософів.
Та, дозволу не спитавши, з діагнозом «параноїк»
він три війни пережив і царювання трьох йосифів.

Так само колись без дозволу покине замшілу нішу
і з недопитим кухлем повз нас, твердих і сумлінних,
пройде і кане за рогом у споконвічну тишу,
коли його з неба закличуть:—Пане Олійник!

Old Oliynyk

Repairing umbrellas can actually entertain:
let one sprout like bamboo or a bony tree
and get all excited, once covered you're gawking,
just reading the faded letters of ancient rains.

His shop is a chapel embedded in a mossy wall,
the whole melancholy city brings umbrellas there.
Amors and lemurs shine in their silks
as soon as people pronounce his oily name.

Chinese dragons take off, all kinds of exotics:
magnolias, orchids (all so lush, so meaty!).
But some umbrellas are black as provincial troubles
or holes at the bottom of galaxies, crows.

That's why he likes to deliver admonitions, when drunk,
bizarre aphorisms—impossible to understand—
stumbling around the bus station with a half-full mug
while coroners and Jesuits watch him from the windows.

Is life worth living for old umbrellas? The question's
too vexing for wandering philosophers. Still, without
begging permission, despite being diagnosed a paranoid,
he survived three wars, the reigns of three josephs.

And so one day he'll leave his niche in the mossy wall
without permission, with glass half-full push past us, firm,
fully aware, he'll fade around the corner into eternal silence
as he's called from heaven: "Come, Mr. Oilman!"

Доктор Дутка

Доктор Дутка, що знав дев'ятнадцять мов
(а якщо з діалектами, то двадцять чотири),
відбивав цілий світ, ніби давнє трюмо,
і судився з онуками за площу квартири.

Доктор Дутка, що мав п'ять казкових кімнат
у сусідстві із власником закладу шевського,
в тіло дому вмурований був, мов атлант,
з бородою білою, як у Грушевського.

Доктор Дутка, що жив по пахких словниках,
із балконом у сад, у бузковість і вогкість,
і солодку траву, всю в живих слимаках,
доктор Дутка, мов жінку, кохав Одинокість.

Трохи згодом, на схилі розтрачених літ,
опинився в мішку з безпорадністю птаха.
Це тоді він світіння почув на чолі
і за ширмою спав, наче ангел на цвяхах.

І тріщали креденси, крісла. І горіх
стародавніх епох усихався найдовше.
Скільки чорних панчіх, капелюшків і бліх!
Попіл сипався з книг, налипав на підошви,

вилітали в непам'ять за вітром слова,
у колодязях мови робилось діряво,
та світила, мов люстра, стара голова,
і шумів амариліс—кімнатний диявол.

Dr. Dutka, Ph.D.

Dr. Dutka, who knew nineteen languages
(and with dialects, spoke twenty-four),
reflected the entire world, like an ancient mirror,
and sued his grandchildren for apartment space.

Dr. Dutka, who had five fabulous rooms
next door to the proprietor of the shoe store,
was embedded in the building like an Atlante,
with a white beard like Hrushevsky.

Dr. Dutka, who lived among richly smelling dictionaries,
had a balcony overlooking the garden, lilacs, dampness,
and sweet grass full of living slugs.
Dr. Dutka loved Solitude like a woman.

A little later, on the slope of wasted years,
he ended up as helpless as a bird in a bag.
That's when he felt the radiance on his forehead
and slept behind a curtain like an angel on nails.

And the chairs and china cabinet cracked,
the ancient walnut pieces were last to dry out.
So many black stockings, hats, and fleas!
Ash fell from books, stuck to his soles,

words followed the wind, flying into oblivion,
the cisterns of his speech began to leak,
but his old head shone like a chandelier,
and an amaryllis, domestic devil, rustled.

Врешті судді сказали, що справа пуста.
По лікарні ще й досі літають обрізки
слів, що він вимовляв і на волю пускав—
рятівні суголосся, либонь, ассирійські…

In the end, the judges said the case was groundless.
Scraps of the words he uttered and let loose
are swirling around the hospital still, trying
to rescue him—full of Assyrian sounds, maybe.

Вольф Мессінг. Вигнання голубів

Мав я прегарну здатність (чи то хворобу):
двійко голуб'ят у череповій коробці.
В ротову мою порожнину, від крику аж пурпурову,
зазирали медики, ворожбити та інші тямущі хлопці.

Як я вами пишався, мої крилаті кристали,
пернаті мої мучителі з давніх полотен!..
Ціле літо об мене крилами терли і туркотали,
заснувавши мені в черепі містечко Туркотин.

А восени упав з неба миршавий ілюзіоніста.
Слухав мене стетоскопом—як вони там шурхочуть,
збіглося на це подивитись ледь не пів міста.
І тоді прояснів я: «Летіти хочуть».

Вилітали мені з голови крізь отвір у рані
або крізь моє третє око (ніяк його не заплющиш).
А той миршавий пес мав у кишені браунінґ
та й одною кулею двох голубів розлущив…

Став я цілком сумирний, загнавсь у схови,
поводжуся без відхилень—чемно і ґречно.
Не тому, що вбиті колишні мої птахове,
а тому, що ношу в черепі тепле їхнє яєчко.

Wolf Messing. Pigeon Expulsion

I had a startling gift (or else a disease):
two pigeons nesting in my brain box.
Doctors, psychics, and other wiseguys peered
down my piehole, purple from screaming.

How proud of you I was, my winged gems,
my feathered tormentors from ancient paintings!
All summer, they caressed me with their wings and cooed,
founding the town of Cooville in my skull.

And an illusionist fell from the sky in the fall.
He listened to me with a stethoscope—how they crackled
    there,
almost half the city had gathered to watch.
And then I was enlightened: "They want to fly."

They flew out of my head through a hole in the wound,
or through my third eye (no way to close it).
That scrawny dog had a Browning in his pocket,
and he killed two pigeons with one bullet.

I was completely at peace, found my quiet place,
an exemplar of sanity—always polite and graceful.
Not because my sweet birds were murdered,
but because I carried their warm egg in my skull.

Середньовічний звіринець

1. Єдиноріг

Єдина.
В лісах застає мене темна година,
як музика в місті зненацька за рогом.
Я чую: пасеться узліссям єдино-
ріг (не плутати з носорогом).

Я брав тебе, як фортечні мури,
я в себе вмістив стільки стріл, скільки зміг.
А всюди ніч, як великий мурин,
і тужно голосить єдиноріг.

Він рідкісний звір. Я галопом розсуну
пахучі кущі і галявини. Там
він пив, наче воду, кожну красуню,
та я навіть подиху з тебе не дам.

Він лагідний звір. І тонка в нього шкіра—
зламається спис назавжди, мов жердина.
Я навзнак засну біля вбитого звіра,
прохромлений рогом.
Єдина.

A Medieval Bestiary

I. THE UNICORN

My only one.
A dark hour catches me in the woods
like sudden music from around the corner in a city.
I hear: grazing on the edge of the forest, a uni-
corn (not to be confused with a rhino's horn).

I've been taking you like the walls of a fortress,
endured as many arrows as I could.
And now the night is black and vast
and the unicorn wails mournfully.

He is a rare beast. I quickly part
fragrant bushes, cross meadows. There
he drinks up every beauty, like water,
but I won't let him steal a single breath of yours.

He is a gentle beast. And he has thin skin—
a spear will snap in half like a stick.
I suddenly fall asleep next to the slain
beast, pierced by a horn.
My only one.

2. Птахорізка

Це рясне гуляння вбогих при музи́ці,
під мурами, де випивка і тінь.
Це триває свято поїдання птиці
при світлі відлітань і тріпотінь.

Треті птиці лунко прокричали ранок,
і ринок забуяв, як райський ліс.
Тож тяжкі тіла знекровлених коханок
закутує в пітьму пан птахоріз.

По його робітні в'ється чорне пір'я,
і руки в нього, кажуть, золоті.
Музика на ринку. Вивіска «Вампірня»
ясніє, ніби кров у темноті.

Він виймає з тіла теплу душу птичу
(його небіжчик тато—знаний кат),
а вночі приводить у закляклу тишу
крилатих і підпоєних дівчат.

Злякані амури. Під'яремні писька
шукають у жаливі кість крила.
Це розправа з ангелами—ангелорізка,
це пісня жолобками потекла.

Ми ж, умивши пивом пересохлі мізки,
згорнувши небеса в густий рулон,
та й гостимось на паперті птахорізки
у місті, що зоветься Вавилон.

2. AVIAN-ABATTOIR

Here's a feast for the poor, full of music
and drink, in the shadow of the city wall.
It's a banquet of bird-flesh, birds flapping,
flying away, and birds fluttering in.

The earliest birds crow in the morning,
and the market blooms like a forest in paradise.
And Mr. Bird-butcher is there wrapping
the bloodless bodies of lovers in darkness.

Black feathers curl around his workshop,
and he has, they say, golden hands.
Music at the market. The sign "Vampire Stop"
brightens like blood in the dark.

He removes a warm bird's soul from its body
(his late father was a known executioner),
and at night he brings winged
and tipsy girls to a dead silence.

Frightened cupids. Dogs on chains
look for the pitiful bones of wings in the nettle.
This is a massacre of angels—an angel-abattoir—
their song flows through the ditches.

But we, having washed our dried-up brains
with beer, having rolled the heavens
into a thick scroll, are feasting on the steps
of the avian-abattoir in a city called Babylon.

3. Єхидна

Повертаємся, всіявши зойком оази,—
кров на піхвах, засмага східна.
Та зачинено місто, мов острів прокази
або клітка, в якій єхидна.

Поки нас не було, поки нас у пустині
прошивала сурма побідна,
на стовпах і криницях, мов сіль на хустині,
проступило тавро: єхидна.

Ми згубили себе в агарянськім поході.
Перемога цілком невидна.
І до рідних дверей нам достукатись годі,
і вітчизна немов єхидна.

Рідні панни зів'яли по вежах і клітях,
пізня ласка така фригідна.
В зимних венах померло дзвінке повноліття,
а в очах ожила єхидна.

Це вона відкладає століття, мов яйця,
по торгах, де музика мідна,
де помости смертей, де живуть і бояться,
де юрба сичить, мов єхидна.

Що я можу? Хрипуча сурма наді мною.
Я пів світу пройшов приблизно.
Можу босий піти за твоєю труною,
рідна панно, стара вітчизно.

3. ECHIDNA

We're coming back, having sprinkled the oases
with screams; blood on a scabbard, Eastern tan.
But our city is locked like an island of leprosy
or a cage with an echidna inside.

When we were roaming the desert, we were
pierced by the sound of triumphant trumpets.
On pillars and wells, like salt sweat on cloth,
a carving was everywhere visible: the echidna.

We lost ourselves in the Saracen campaign.
Victory was inconceivable, invisible.
And it was almost impossible to get home,
and the motherland seemed so spiteful, like an echidna.

Dear maidens withered in towers and cages,
postponed affection remains so chaste.
Mature desire froze in their aging veins,
and the echidna came to life in their eyes.

Here she is, like eggs she lays centuries
where deadly scaffolds rise at markets and music
comes from a brass band, where they live
and fear, where the crowd hisses like an echidna.

What can I do? A wheezing trumpet groans
above me. I've made it halfway around the world.
I can follow your coffin barefoot,
my dear maiden, my old motherland.

4. Грифон

Мій пане, який нерозумний світ!
Яка на румовище сходить журба!
Під небом, чорним, ніби графіт,
конаю в піску. І грифон з герба.

З дерев погаслих кричать граки.
Я впав з коня і програв турнір.
Тепер крізь мене ростуть гілки,
пробивши в панцирі триста дір.

Лети ж від мене, монстре знамен,
крилатий леве! Я випав з гри.
З очниці в мене цвіте ромен.
Я не мав меча. То був лютні гриф.

А ту, що чекає, що ймення мої
на грифелі пише в стотисячний раз,
крилом захисти. І, замовклу, її
у землю сховай від облуд і образ.

Чому ж не летиш? На вологім піску
танцюєш довкіл моїх тихих рук.
І п'єш з мене довгу предвічну ріку
ти, схожий на крука. Ти майже крук.

4. GRIFFIN

My Lord, how foolish this world is!
What sorrow descends upon the face of the earth!
Under the sky, as black as graphite, I'm dying
in the sand. A griffin engraved on my shield.

Rooks scream from bleak trees.
I fell from my horse and lost the tournament.
Now branches grow through me,
piercing three hundred holes in my armor.

Fly away from me, monster of banners,
you winged lion! I'm out of the game.
Weeds bloom from my eye socket.
I had no sword. It was a lute's neck.

And the one who waits and inscribes my name
with a stylus for the hundred thousandth time,
protect her with your wing. And hide her, wordless,
in the ground, safe from deceits and insults.

Why don't you fly off, then? On wet sand
you dance around my quiet hands.
And drink from me a long, everlasting river,
you who look like a raven. You're a raven indeed.

5. Гаспид, або ж Дідько

Зійшла комета, Господи прости!
Мов гурт убивць повзе повз нас етапом.
Розпущені убори і хвости,
запахло спиртом, сіркою і цапом.

Він—той, що креше рогом до камінь,
і всюди починається розпуста.
І входять назавжди в солодку тінь
дівчата, смарагдові, мов капуста.

І б'ється в бубон вогке копито,
і замовляння світяться крізь писок
під шапкою нічного шапіто,
де акробати труться об кларисок,
де криють юнок вижовклі діди...

Це тіло, цю сполохану клепсидру
рятуй мені. Я ждав її завжди,
я сам її з вертепів ночі видру
і сам її пораню. В кожну п'ядь
ввійду, вповзу в ці брами, що розкрились.

І ярмаркові діти прилетять
з пекучими надрізами для крилець.

5. A FIEND, OR A DEVIL

A comet has risen, forgive me, Lord!
Like a chain gang of murderers, it plods past us.
Garments stripped and tails waving, it smells
like spirits, brimstone, and goat.

He's the one grinding his horn against stone,
and everywhere people begin fornicating.
And girls as emerald as cabbage
enter forever into sweet shadow.

And a damp hoof beats a tambourine,
and incantations glow through his lips
under the peak of night's tent,
where acrobats rub against nuns,
where old yellowed men mount young women...

This body, this frightened water clock,
save it for me. I have always waited for her,
I will snatch her from the depths of night
and wound her myself. I will enter every inch,
I will crawl through these opened gates.

And the fairy children will fly in
with stinging cuts marking their future wings.

Хроніка з 1719 р.

Заборонено ярмарки, бійки і карнавали.
Охоронці стоять непролазні, мов чагарник.
Зостається одним-єдина розвага:
привселюдне спалення чарівниць.

І повзе звідусюди понуре голяцтво—
цей маленький народ із піском у ротах.
Непристойні слова на фасадах палаццо
і судилище тлустих сутанних сутяг.

А ворожка, чи то чаклунка, чи відьма—
наче свічка, готова згаснути—лиш дихни!
(Містечковий дурень регоче ридма,
і під гавкіт собак розгоряється хмиз.)

Я обстав би за тебе, мала посвітачко в жалобі,
я твій попіл, мов пам'ять, по дрібці зберу,
але хлопці з киями взялись до наших суглобів,
і вони плюють на цей старовинний брук.

І підноситься стовп вулканічного ревного жару—
стоїмо й мовчимо, як по горло в ріці.
Просто хлопці в беретах мають вівчарок,
і вони роздерли б нас, як зайців.

Ти гориш, наче книга, в якій недописано слово,
і з густого неба такий посірілий сніг,
ти гориш, мов лялька, в якій полова,—
у старих пивницях повно таких,

A Chronicle of 1719

Carnivals, fairs, boxing matches, all prohibited.
The guards stand impassable as hedges.
Just one entertainment remains:
the public burning of sorceresses.

Paupers in rags crawl out from everywhere:
little people with mouths full of sand.
Obscene graffiti on the palazzo facades
and a tribunal of corpulent barrators in cassocks.

And a fortune teller, or sorceress, or witch,
like a candle ready to go out—just exhale!
(The town fool sobs and laughs, splitting
his knickers, dogs bark, brushwood starts to burn.)

I would defend you, my little mourning torch,
like memories collect your ashes, piece by piece,
but the guards are already beating us with clubs
and spitting on these ancient cobblestones.

And a pillar of volcanic heat rises up—
we stand silent as if up to our necks in the river.
Because the boys in berets have German shepherds
and they'd tear us apart like rabbits.

You burn like a book with an unfinished word
and such gray snow from a cloudy sky,
you burn like a doll stuffed with chaff—
the old cellars are full of those poppets,

у глухих подвір'ях, а ще у сумних катівнях,
де минають літа, де вічна осінь—отам,
де білизни вбитої тріпотіння,
ти гориш, як свічка, понад життям.

the deaf courtyards and sad dungeons
where years pass, where autumn is eternal,
there where the linens of the executed flutter,
you burn like a candle over life.

Ярмаркові патрети

Ваня Каїн

знову в руськім царстві пиятика
навіть голуби на храмах сизі
брате каїн ця сльоза велика
на твоїй неголеній мармизі

що вона таке й куди тікає
перепив чи перетовк задуже
і дрижиш мов каїн брате каїн
мій рудобородий п'яний друже

мій косоворотий темний роте
в Бога просиш різки паче ласки
знов на стайнях батогом пороти
від москви до самих до аляски

прагнеш
аж кожух під ноги кинеш
топчеш як топтав чужу князівну
рвеш каптан бо ніби й справді гинеш
у безкраю ніч ведмежу й зимну

плачеш і дзвениш немов сокира
що з небес упала у недеї
рвеш сорочку та під нею шкіра
здерта з мене десь на єнісеї

Market Masks

VANIA THE CAIN

another drunken bash in the tsardom,
even the pigeons in the clouds are wasted
my brother cain what's this enormous tear
coasting across your unshaven jaw

what's going on and where is it flowing
too much to drink, or too many killed
you're shaking like cain my brother cain
my red-bearded drunken friend

my slack-mouthed duh-mouth
you ask God for a whip as if it were a blessing
to whip your way once more through stables
from moscow to the tip of alaska

you're so eager
you throw your kozhukh under my feet
you trample me like you trampled a foreign princess
you tear your kaftan as if you were really dying
in the endlessly bearish long winter night

you cry and ring like an ax
falling from the sky in the mountain peaks
you tear your shirt and the skin underneath
once torn from me somewhere on the yenisei

братні руки до розправи скорі
для обіймів п'яних розпростириш
відпусти мене на ясні зорі
я вже вічний ти мені не сторож

brotherly arms quick to kill
you open wide for drunken embraces
let me leave for the brighter stars
i'm already eternal and you're not my keeper

Козак Ямайка

о скільки конику-братику крутих чудасій на світі
дивився б допоки круки не вип'ють очей а мало
по сей бік багама-мама по той бік пальми гаїті
і вежі фритауна бачу як вийду вночі з бунґало

і так мені з того гризько що вицвіли всі шаровари
якого лисого чорта з яких попідземних фаун
та й зрадили нас у битві морські косарі корсари
а батько ж хотіли взяти отой блаженний фритаун

а там тринадцять костелів і вічна війна з амуром
а ще тринадцять безодень де срібло-злото коморне
дівчата немов ліани нечутно ростуть за муром
і хочеться їм любитись а їх зодягли у чорне

кружаю тепер сивуху надвоє з піратом діком
кажу йому схаменися кажу покайся паскудо
невже коли ти європа то вже не єси чоловіком
якого хріна продався за тридцять гнилих ескудо

а дік то химерна штучка плекає папугу пугу
плеще мене позаплічно заламує руки в горі
оце тобі лицар з лугу ось тобі зелепугу
to be or not to be каже і булькає I'm sorry

JAMAICA THE COSSACK

oh my horse my brother how many fabulous marvels in
    this world
i'd watch until the crows peck my eyes out still it
    wouldn't be enough
on this side bahama mamas on the other side the palm
    trees of haiti
and i see the towers of freetown when i leave the bunga-
    low at night

i feel so tormented that even my cossack pants have faded
what the devil and from which underground fauna
were we betrayed in battle by slashers of the sea corsairs
and our pater-commander wanted to conquer that blessed
    freetown

and the thirteen churches there and the eternal war with
    cupid
and also thirteen abysses hiding their gold and silver
girls like lianas grow noiselessly behind the walls
and they want to make love but they're forced to wear
    habits

now i'm sharing moonshine with a pirate named dick
i tell him to come to his senses i say repent you bastard
so what if you're european why can't you just be a human
why the devil did you sell your soul for thirty rotten escudos

dick's a bizarre creature he cares for his pistol-whip parrot
he taps me on my shoulders wrings his hands in the air
here you go knight of the steppe here's a crabapple for you
to be or not to be he says and gurgles *i'm sorry*

невільницю каже маю зі шкірою мов какао
купи сизокрилий орле маркотно ж без господині
город засівати не конче прицмокує так лукаво
город на ній проростає тютюн ананаси дині

наплодиш каже козацтва припнеш усіх до коша
тільки ж ярму не дається шия моя душа
та вже його і не чую плюю на плюгаву супліку
конику мій невірнику апостоле мій хома
піду на зорю вечірню
зріжу цукрову сопілку
сяду над океаном
та вже мене і нема

i can sell you a girl with skin like cocoa he says
buy her my blue-winged eagle it's lousy without a hostess
you don't need to sow a garden he's smacking his lips slyly
a garden grows on her body tobacco pineapples melons

you will breed some cossacks they'll help around the farm
but my neck my soul won't yield to the yoke
and i'm already not listening i spit on his stupid pleading
my horse my apostate thomas the apostle
i will follow the evening star
cut a reed pipe from sugarcane
sit on the ocean shore
and then I dissolve into night

Кримінальні сонети

Азарт

У карти, так обшмульгані, що аж,
засіли пан різник і пан музика.
Була спокуса виграшу велика,
а за вікном був гомін і пейзаж.

І все зійшло б гаразд, якби не піка.
Вона не йшла—музика впав у раж,
сказав собі: «Ти в пику його вмаж!
Дивись, яка паскедна в нього пика!»

І різнику в чоло зацідив прасом.
Той більш не буде торгувати м'ясом,
він горілиць лежить і ні мур-мур.

У супроводі ґречних поліцаїв
музика йде навік, мов у Почаїв,
кудись далеко, певно, у тюрму.

Criminal Sonnets

PASSION

Mister butcher and mister musician sat down
to play, the cards filthy, covered in grease.
Obsession with winning obscured all else;
outside the window, an uproar, a view.

Everything would've been fine, except for the spade.
It never showed up—the musician flipped out,
he told himself: "Punch this guy right in the face.
Look at that ugly mug."

And he smashed the butcher's head with an iron.
That guy won't be selling any more meat,
he's lying on his back without a sound.

The musician goes on forever, like he's on
a pilgrimage, accompanied by courteous cops,
somewhere far away, probably to prison.

Мафія

На розі Кармелітської та Духа
Святого двометровий зимний хлоп
лежав, зацвівши оком, як циклоп
(античний). Потекла на брук з-під вуха

його червона юха, мов сироп
(малиновий), а в центрі капелюха
прострелено діру. Літала муха
над ним, і плач дівочий із утроб

летів до неба, де злодійський рай,
де кожен сутенер або шахрай
знайде в кущах навік собі малину.

В присутності лягавих та собак
старенька мати думала: «Ось так
ти гідно шлях життя завершив, сину».

MAFIA

At the corner of Carmelite and Saint
Spirit, a cold six-foot-six dude lies,
one eye covered in mold, like a cyclops
(ancient). Leaking from under his ear

all over the pavement, a red broth,
a (crimson) syrup. In the center of his hat
a hole's been burned. A fly buzzes
above him, while his spirit, like a wailing

from the womb, shoots straight to heaven,
a thief's paradise where every pimp or swindler
will pick raspberries from the bush forever.

Surrounded by cops and dogs
his old mother thinks: "With what dignity
you've completed your journey, my son."

Постріл

Ти заповзеш, нечутний, ніби вуж,
у золоті дзеркала установи,
поправиш ружу й посміх Казанови
і сам собі накажеш: кроком руш

до кабінету, де—вершина змови.
Тебе чекає мрець—очей не мруж,
а, вихопивши револьвер із руж,
спрямуй на нього дуло тридюймове.

Ти станеш в цю хвилину шестикрилим,
а він повільно зсунеться на килим,
потягне канделябр і каламар.

Ти скинеш рукавички (щойно з пральні)
і, розпізнавши натяки астральні,
почуєш, як видзенькує комар.

SHOT

You'll crawl, as silent as a grass snake,
into the golden mirrors of the statehouse,
you'll arrange the roses, smile like Casanova,
and give yourself an order: head into

the office, the epicenter of conspiracy.
The deadman's waiting for you—don't blink,
just pull the revolver from the roses,
point the three-inch barrel at him.

You'll grow six wings in a second
as he slowly sinks to the floor,
dragging down a chandelier and an inkwell.

You'll pull off your gloves (fresh from the laundry),
and, taking the hint from the cosmos,
you'll hear the buzz of a mosquito.

До пані Варвари Л.

*Натрунний портрет міщанки Варвари Лянґиш (XVII ст.)
зберігається у Львівському історичному музеї*

Тебе—теплу, погідну, лагідну, окату—
хочу кликати з ночі, всю з шовку й брокату.
Спалює мене поїздом жадання єдине:
їхати до тебе поїздом більш як дві години.

Далі мене знищує пожадання друге:
«З темниці музейної виплинь, королево!»—
горлав би на всю губу з любові і туги
серед міста, опівночі, в товаристві лева.

(Лев зі мною рикав би.) І коли зненацька
ти виникла б на мій голос—ніби на портреті,
загриміла б мені в серці музика вар'яцька
і мене б охопило пожадання третє:

на коліна гупнути, як бугай на страті,
і благати, мов пастир, що записує в секту:
«Ходім пити повітря. Тут повно кастратів.
Я люблю твої руки, очі, корсетку,

сукню з ліфом, сорочку, кавтан, запаску,
а також панчохи і черевики.
Я люблю твого тіла великодню паску,
твої лікті і фалди—і все навіки!».

Я схилявся б низько, шептав би п'янко,
цілував би слід кроку твого, Варваро,
край мережива твого, дурна міщанко,
посмітюхо з Ринку, глуха почваро!

To Ms. Varvara L.

A coffin portrait of the burgher Varvara Langisz, (17th c.)
hangs in the Lviv Historical Museum

I want to call you back from the night, warm, gentle,
    friendly,
your eyes enormous, dressed up in silk and brocade.
My first desire burns through me fully:
the two-hour train ride to see you is too long.

Then I'm destroyed again by a second desire:
"Come forth from the museum's dungeon, my queen!"
I'd shout as loud as I can from love and longing
in the city center, at midnight, accompanied by a lion.

(The lion would roar with me.) And suddenly
you'd appear, summoned by my voice—as if
on a portrait, crazy music thundering in my heart
and I would be overtaken by a third desire:

I'll fall on my knees like a bull before execution
and beg like a preacher proselytizing a crowd:
"Let's go and drink air. This place is full of castrati.
I love your hands, eyes, corset,

your dress with a bodice, shirt, caftan, apron,
as well as your stockings and boots.
I love the Easter-sweet bread of your body,
your elbows and pleated skirt—all, and always!"

I'd lean so low, whisper drunkenly,
I'd kiss the trace of your step, Varvara,
the edge of your lace, my silly burgher,
my fool from the Market, my deaf phantom!

Підземне зоо

Живуть під містом, наче у казках,
кити, дельфіни і тритони…
Б.-І. Антонич

Живуть кити під містом. І тритони.
А ще—дельфіни. В сутінку глибин,
в западинах, де чорний місяць тоне,
де вибрано породу з порожнин,
вони живуть—міноги і мурени,
сирени, восьминоги. І смиренне
сліпе суцвіття губок та медуз—
у вирвах шахт, у ямах наших душ.

Живуть під містом леви, жовті й сонні.
Сховала їх розпечена трава.
Летючі зебри, антилопи й коні
цвітуть на дні пасовищ і савани.
Живуть також під містом крокодили.
Заплутані в ліан солодкі жили,
тріпочуть тіні мавп або папуг.
І сотні сотень мух, мурах, ропух.

Живуть під містом зебри і буйтури,
ревуть їх сурми в ніч, мов мерзла мідь.
Сайгаки й сарни, пасерби натури,
пасуться на межі нічних угідь.
І мамонти, сумирні, мов корови,
і мастодонти. Кам'яні діброви
двигтять від них, тремтять, як тепла твань,
вони сюди втекли від полювань.

Underground Zoo

Under the city live, as in fairy tales,
Whales, dolphins, and newts...

        —Bohdan Ihor Antonych

Living under the city, whales. And newts.
And also, dolphins. In the twilight of the depths,
in the hollows where the black moon sinks,
where stone's been quarried from cavities,
they live, lampreys and moray eels,
sirens, octopi. And submissive
blind inflorescence of sponges and jellyfish—
in the shafts of the mines, in the pits of our souls.

Living under the city, lions, yellow and sleepy.
The hot grass hides them.
Flying zebras, antelopes, and horses
bloom on the bottom of pastures and savannas.
Living under the city, crocodiles too.
Entangled in the sweet veins of vines,
shiver the shadows of monkeys or parrots.
And hundreds of hundreds of flies, ants, and toads.

Living under the city, wisents and aurochs,
their trumpets roar into the night like frozen copper.
Saigas and roe deer, stepchildren of nature,
graze on the edge of the night lands.
And mammoths, as obedient as cows,
and mastodons. Stone oakwoods
quiver because of them, tremble like warm mud,
they fled here from hunters.

Живуть під містом люди. І прочани,
і міщухи. І крила в рукавах.
Розкручується знову копійчане
порочне коло вицвілих розваг—
усе так само. Пиво ярмаркове,
скрипки весільні, ліхтарі, підкови,
цілунки, плач, кохання і пітьма…

Під містом. Тільки міста вже нема.

Living under the city, people. Pilgrims
and burghers. Their wings in their sleeves.
The penny-prized, vicious circle of faded
amusements spins around again—
everything remains the same. Beer fests,
wedding fiddles, lanterns, horseshoes,
kisses, crying, love, and darkness...

Under the city. Which is long gone.

Зміна декорацій

У приміщенні церкви відкрито вокзал:
почекальні, лампади, ікони, кабіни.
Перелюднені хори гудуть, мов казан,
а в касирок вуста, як фальшиві рубіни.
Туалети і фрески. Колишня зоря
закотилась у тлін, мов Марія у чорнім.
Відчиняєш, як двері, врата вівтаря—
і виходиш, і ходиш по першій платформі.

А на ній—протяги, паротяги. Свічок
пересохлі світла, як пісні на бенкеті.
Облягаєм вагон. І свистить у сюрчок
пролетарський пророк у червонім кашкеті.
У приміщенні школи відкрито готель:
там завжди хтось із кимсь укладається спати.
Сталактити вологи пульсують зі стель,
старшокласниці прагнуть солодкої вати
і, сплітаючи русла заламаних рук,
опановують суть природничих наук.

У приміщенні замку відкрито шпиталь:
там гуляє лицарство в потертих піжамах,
мов побите вогнем чи познімане з паль,
і діагноз готують на них, ніби замах.
Адже в кожній з нічних півосвітлених веж
їх лікують від стиду. І цвяхами теж.

У приміщенні цирку відкрито завод:
там летить над верстатами гордий народ
у блискучому гримі—від вуха до вуха.

Set Change

Within the church they opened a train station:
waiting room, altar lamps, icons, and booths.
The crowded choirs buzz like a cauldron,
and female cashiers with mouths like fake rubies.
Restrooms and frescoes. The Christmas star
turned to ash like Mary dressed in black.
You open the altar gates like doors—
exit and walk down the first platform.

And there, trains and wind before rain. The light
from candles guttering like voices at a banquet.
We cluster around the car. And blowing a whistle,
a proletarian prophet in a red service cap.
Within the school they opened a hotel:
someone gets ready to sleep with somebody.
Wet stalactites pulsate from the ceiling,
high school girls crave cotton candy
and, twisting the channels of intertwined arms,
master the essence of the natural sciences.

Within the castle they opened a hospital:
There, chivalry rambles in shabby pajamas,
as if beaten by fire or plucked from a pike,
and they prepare a diagnosis like planning a murder.
Because at night, in each of the dimly lit towers,
chivalry's treated for shame. With hammer and nails.

Within the circus they opened a factory:
there a proud people fly over the lathes
in gaudy clown makeup from ear to ear.

У приміщенні неба відкрито тюрму.
У приміщенні тіла відкрито пітьму.
У приміщенні духу відкрито розруху.

Within the sky they opened a prison.
Within the body they opened darkness.
Within the spirit they opened bedlam.

Letters to Ukraine

1.

Я заліз у тугу, як в тогу чи в робу.
Моя ніч—ніби голка у горлі вічна.
Я собі підчепив тут одну хворобу.
Нею можна пишатись. Вона психічна.

Ця психічна хвороба, тобто кохання,
всі ознаки її описав Авіценна:
не дає дихнути синдром махання
і потреба здохнути здоровенна.

Я нормально писав непогані вірші,
міркував про найтоншу тканину прози,
а тепер мої рими щоразу гірші
і до «прози» римуються в мене «сльози».

І лежу, мов мішок, я. Чорнію, худну
без повітря, світла, тепла, привіту.
Я розклав оцю журбу многотрудну
на півкулях мозку, мов карту світу.

Помолися ж за мене в кватирку Божу—
ліпше всохнути, впитись, нажити грижу.
Я з розпуки тут ошаліти можу—
вену вріжу, скажімо, чи всіх заріжу.

Любий друже, приїдь, порятуй і вибав!
Привези мені морфій, тютюн і тишу.
Я конаю тут, як остання риба.
А про інше все ще тобі напишу.

1.

I slipped into grief like a toga or a robe.
Night is an eternal needle in my throat.
I've caught something here, something
you can be proud of. It's in my head.

This mental illness is called love, all
its features documented by Avicenna:
a wavering syndrome that cuts your breath
and leaves you wanting to croak.

I'd been writing some decent poems,
thinking about the finest fabric of prose,
but now my work's getting worse all the time,
rhyming death with breath, prose with rose.

And I'm as flat as a sack. Darkening, losing weight,
breathless, lacking light, warmth, company.
I spread this heavy sorrow across the hemispheres
of my brain like a map of the world.

Pray for me at God's transom window—better
to dry up, drink yourself to death, get a hernia.
I might go crazy from despair here:
I might cut my wrists or cut everyone else.

Dear friend, help me, come and save me!
Bring me morphine, tobacco, and silence.
I'm suffocating here like the last fish.
And as for the rest, I'll write you more.

6.

Я ночую тут у такому домі,
де живуть прозаїки і поети.
Це не зовсім те, що жити в Содомі:
групівщина, збочення і мінети

тут не зовсім ті, суть яких пізнав ти
з італійських фільмів, книжок, де кралі
так відверто лізуть в ліжка і в авта.
Тобто тут це все на рівні моралі.

Ця оселя має ознаки пастки,
по якій гуляють сонми лунатів.
І коли не дійдеш—можеш упасти
де завгодно або в чужій кімнаті,

під чужими лампами, або в ліфті—
вгору-вниз мандруєш на кожен виклик,
поміж пеклом і раєм, фіфті-фіфті,
трохи крові пустивши, до чого звикли.

Вихід є, здається, один—ступити
в порожнечу, в ніч, але це те саме,
що з вікна ступити, як цвях забити.
Вся Москва для тебе гавкає псами,

вся пустеля з попелом всіх імперій—
ти летиш, мов камінь у воду тьмяну!
Але це, однак, лише на папері.
Я на це не зважусь навіть і сп'яну.

6.

I'm living in the kind of house
where writers and poets stay.
It's not quite like being in Sodom:
our gangbangs, perversions, blowjobs

aren't the kind you've come to know
from books and Italian movies where beauties
climb so openly into beds and cars.
Here, it's all done with a moral sense.

This house has signs of being a trap
through which lots of people sleepwalk.
And if you don't make it, you can fall
anywhere, land in someone else's room,

under someone else's lamps, or in the elevator—
going up and down for every call,
between hell and heaven, even-steven,
bleeding a bit, something they're used to here.

It seems there's only one way out: to step
into the void, into the night, but it's the same
as stepping out a window, like hammering a nail.
All of Moscow is barking like dogs for you,

the whole desert with the ashes of all empires—
you're flying like a stone into murky water!
But this, however, is just on paper.
I don't have the guts, even if I were drunk.

9.

Мандрувати тут у середньовіччя—
все одно, що за князем повзти обозом.
Тільки знай дивися в кожне обличчя:
ці хлопаки описані ще Ломброзом—

щось таке злочинне, таке причинне
прозирає з їхніх сумирних писків.
В них минуле каторжне, судочинне—
словом, вони схожі на василісків.

Осінь—це дорога кудись на північ:
на деревах спалах марніє, гасне.
Тут інакший час і не діє Ґринвіч,
але ти мандруєш. Буття прекрасне,

хоч темніє швидше, аніж повсюди,—
що чорніше небо, то ближче до хана.
Ці місцеві вбивці не зовсім паскуди:
їм важливий сам принцип—не кров, не рана.

Князя можна забити, скажімо, в лазні
чи мечем на сходах, або на ловах.
Тут ліси сприятливо непролазні—
кількість мертвих полічиш лише на вдовах,

на деревах всохлих, яких, щоправда,
значно більше—з таким гіляччям калічим,
ніби хтось крізь них невблаганно падав.
Тут усюди пахне середньовіччям.

9.

Traveling from here to the Middle Ages—
it's like following a prince in a convoy.
Just, you know, glance into every face:
these guys are like those described by Lombroso—

something so causal, so criminal,
blazes through even the meekest mugs.
Their past includes Siberian camps and prisons—
in short, they look like basilisks.

Autumn's a journey somewhere to the north:
the flare on trees begins to fade, flames out.
Time is different here, and Greenwich doesn't work,
but still you're traveling. Being is stunning,

although it gets dark faster than anywhere else,
and the darker the sky, the closer to the khan.
These local assassins aren't exactly scum: they're
concerned with principles—not blood or wounds.

A prince can be killed, say, in a bathhouse,
or with a sword on a staircase, or on a hunt.
The forests here are favorably dense:
you can only tell the number of dead by their widows,

or by the wasted trees, which, after all,
are much more numerous—with crippled branches
as if someone had fallen through them ruthlessly.
Here, everything smells like the Middle Ages.

10.

Україна ж—це країна бароко.
Мандрувати нею—для ока втіха.
І тому западає спокуса в око:
зруйнувати все. І скільки б ти їхав,

бачиш наслідки: мури і житла хворі
ще, мабуть, від турків. І п'ятикутні
знаки. З криниць повтікали зорі,
тобто їх нема, криниці відсутні,

але є сліди, і це дозволяє
подавати прогноз у вигляді віри
в неминуче. Тому що наша земля є
чимось більшим, аніж сорочка для шкіри.

Це підпільне бароко влаштовує опір
і цвіте шалено навіть в уламках,
хоч забуто нас і мовчать в Європі.
Катувати зручно в палацах, замках,

а в каплицях тісно. Тому каплиці—
це найперший крок углиб України.
Мені видно все з чужої столиці.
Все на світі можна підняти з руїни,

крім живої крові, як ми вже знаєм.
Напиши, чи всі живі і здорові.
Чи літають ангели над Дунаєм,
чи дощі у Львові, чи досить крові.

10.

But *Ukraine* is a country of the baroque.
Traveling through it is a pleasure for the eye.
And that's why the temptation to obliterate everything
is so strong. And no matter how far you travel,

you see the consequences: dilapidated walls and houses
maybe from the time of the Turks. And five-sided
signs. Stars have disappeared from the wells,
that is, they're gone, the wells are gone,

but there are traces, and this allows us
to forecast in the form of faith
in the inevitable. Because our earth is
something more than a shirt for your skin.

This underground baroque resists, it blooms
wildly even from the rubble, even though
we're forgotten and no one talks about us in Europe.
It's convenient to torture in palaces and castles,

but it's tight in chapels. That's why chapels
are the first step into the depths of Ukraine.
I can see everything from this foreign capital.
Everything in the world can be raised from ruins,

except for the living blood, as we already know.
Write, tell me if everyone is alive and well.
Whether angels fly over the Danube, if it's raining
in Lviv, and if there is still enough blood.

11.

Взагалі ж я не проти помандрувати.
Не тому, що не син землі своїй рідній,
а тому, що корисно ночувати
то в півкулі західній, то у східній,

зупинятися в лісі або в готелі,
заглядати в мапи, всілякі схеми,
визначати азимут у пустелі
(головне—завжди пам'ятати, де ми),

по найтбарах шастати, галереях,
купувати колу, жувальну гуму,
розумітись на вантах, себто на реях,
на циганах, євреях. Загальну суму

витрачати легко на квіти примам,
герцогиням, курвам і телебомбам
і любов читати у них під гримом.
У містах, де площі півколом, ромбом,

наслухати під арками ритм елегій,
розрізняти, де тойота, ямаха,
понад Райном пити райнвайн під реґґі,
на Багамах молитись до Бахуса, Баха

всюди слухати й Моцарта, і до Бога
промовляти з різних церков, соборів.
Мрія ця духовно убога.
Це я, певно, знову захворів.

11.

For the most part, I don't mind traveling.
Not because I'm not a son of my native land,
but because it's useful to spend the night today
in the western, tomorrow the eastern hemisphere,

to sleep in the woods or in hotels,
to check out maps, consult the charts,
determine the azimuth in the desert
(the key is to always remember where you are),

wander through nightclubs and galleries,
buy Coca-Cola and chewing gum, distinguish
the shrouds of a ship from its yards, empathize
with Romany, Jews. Easily spend all your money

on flowers for prima donnas,
duchesses, prostitutes, Tele-babes,
read love under their makeup. In cities
where squares are semicircular and rhombic,

listen to the rhythm of elegies under arches,
distinguish Toyota from Yamaha,
on the Rhine drink Rhine wine with reggae,
in the Bahamas pray to Bacchus and Bach,

listen to Mozart everywhere, and address God
from different churches and temples.
But this dream is spiritually poor.
It's probably just me being sick again.

12.

А тим часом я мандрую Москвою,
де метро трагічне і стратегічне,
що не є такою вже і лафою
чи халвою (слово яке магічне!),

адже це всього лиш система сховищ
у сусідстві з пеклом, і вкрай сумнівно,
щоб такий собі простий Андрухович
розкусив систему. Й коли о пів на

першу ночі ходиш підземним холом
кільцевої лінії, ще в тридцяті
героїчно зданої комсомолом,
тобто зеками, згадуєш не Буццаті

і тим більш не Кафку, а щось дорожче,
як, наприклад, розстріли, наркомати,
портупеї. Вітер тебе полоще,
і стоїш роззявлено, мов Хома ти,

Брут, в якого пнеться сторчма волосся
від нічного жаху порожніх станцій,
стратегічних ліній, що досі носять
імена убивць, шахраїв, поганців.

«Це, — казав професор один зі Штатів, —
історичних праць моїх персонажі».
Я не хочу вживати імен цих татів.
На вустах лишається присмак сажі.

12.

Meanwhile, I'm traveling around Moscow,
where the subway is both tragic and strategic,
which doesn't help you have a chill life
or bring you any halva (what a magical word!),

because it's just a network of shelters
neighboring hell, and it's extremely unlikely
that anyone like a certain Andrukhovych
would ever have figured out the system. And when

at 12:30 a.m. you walk through the arched
underground expanses of the circle line, heroically
unveiled by the Komsomol back in the thirties,
that is by convicts, you recall not Buzzati,

nor especially Kafka, but something more expensive,
such as executions and People's Commissariats,
leather gun straps. The wind is rinsing you,
and you stand there gaping, like Khoma Brut,

whose hair stands on end
from the night terrors of empty stations,
the strategic lines that still bear
the names of murderers, swindlers, and scoundrels.

"These are," said a professor from the US,
"the protagonists in my study of history."
I don't want to say the names of these villains.
They'd leave a sooty taste on my lips.

20.

На останні гроші придбавши лайнер,
я вбираю очима, писком і мозком
вознесіння в небо стрімке, негайне.
Піді мною, як кажуть англійці, Москов.

Я злітав, а знизу мені махали
сто розлук, сто крил в екстазі шаленій,
рок-зірки, блудниці, посли, генерали,
цар Іван і цар Пушкін. Безсмертний геній

теж махав з постаменту (прощай, друзяко!
Вже тебе не побачу. У нас під Львовом
тебе скинули з неба недавно яко
шарлатана і блазня, як мотлох, словом).

Я злетів. Чи протягнеш, Москво, без мене?
Що поробиш—мушу бути південніш.
Залишаю слово своє вогненне.
Все одно без мене буде нужденніш

у твоїх безоднях, кохана Мекко,
до якої вбогі плазують плазом.
Але ти від нас уже так далеко,
що стає маразмом «навіки разом»!

Добрий вечір, небо і хмари з вати!
Спи спокійно, місто кольору крові!
Я лечу додому колядувати.
Ірванцю назустріч, Неборакові.

20.

Having bought a ticket with my last penny,
I absorb with my eyes, mouth, and brain
our rapid, instant ascent to the sky.
Below me is, as the English say, *Moscow*.

I was taking off, and from below waved
a hundred partings, a hundred wings in a frenzy of ecstasy,
rock stars, harlots, ambassadors, generals,
tsar Ivan and tsar Pushkin. The immortal genius

Lenin waved from his pedestal (farewell, buddy!
I will never see you again. Near Lviv,
you were recently tossed from the sky like
a charlatan or a jester, in short, like trash).

I took off. What will you do without me, Moscow?
What can you do—I have to be in the south.
I'm leaving you my fiery word.
You will be needier without me

in your abysses, beloved Mecca,
with your poor crawling toward you.
But you are so far away from us now
that "forever together" is becoming nonsense!

Good night, sky and clouds of cotton wool!
Sleep well, crimson city, the color of blood!
I'm flying home to sing carols.
Towards Irvanets and Neborak.

India

1.

Індія починається з того, що сняться сни
про виправу на схід. І вони сюжетні, вони—
наче фільм, по якому блукаєш героєм-зухом.
Просто чуєш сурму або ґонґ, або дзвін води,
або голос, який шепоче: «Устань і йди!»,
але ти не певен, чи серцем почув, чи вухом.

Індія—це не зовсім півострів. Це материк,
що межує з Нічим. Ані атлас, ані словник
не враховують факту, що світ оповитий Нілом.
Що зірки на небі—це, власне, одна з вистав
у театрі Бога. І, видно, час не настав—
площину нам легше вважати кулею. Тілом.

Ми вважаємо кулею те, що пласке, мов корж.
Але ти, почувши різке й наказове «марш!»,
добуваєш меча і рушаєш на схід, аби вмерти.
І лаштуєш загін веселих та злих зарізяк,
і вони в поході співають приблизно так,
як ангели у небі нічні херувимські концерти.

Площина—це пустелі й царства, хребти, міста,
над якими лишень атмосферна густа висота
в сім ворожих небес—і яка з них розрада чи манна!
Тільки втративши коней і друзів, увесь обоз,
виноградною впертістю кручених, битих лоз
ти проб'єшся туди, де доречне слово «рахманна».

1.

India begins with your dreams about a journey
to the East. And they have a plot, they're like
a movie in which you wander around, the brave hero.
You hear a trumpet, a gong, or the sound of water,
or a voice whispering, "Stand up and go!"
but you aren't sure if you hear it with your heart or ears.

India is not quite a peninsula. It's a continent
bordering Nothingness. No atlas or dictionary
considers the fact that the world is enveloped by the Nile.
That stars in the sky are actually one of the performances
in the theater of God. And, apparently, the time hasn't come:
it's easier for us to think of a plane as a sphere. A body.

We consider a sphere something that is flat like a pita.
But, after hearing a sharp and commanding "March!"
you grab a sword and head eastward to die.
And you organize a squad of cheerful and evil cutthroats,
and on this march they sing almost like angels
singing in heaven their nightly cherubic concerts.

These planes are deserts and kingdoms, ridges and cities
above which hangs the dense atmospheric pressure
of seven hostile high heavens—how they comfort and
    deceive!
Only after losing horses and friends, the whole camp,
like a braid of stubborn, twisted, broken vines, will you make
your way to the place where the word *rakhmanna* is
    appropriate.

2.

Марко Поло казав неправду, коли
запевняв, нібито мули, воли, осли
над проваллям пітьми і тибетом імли
привели його далі на схід—до Китаю.
Шлях його, безперечно,—то блуд петлі.
Марко Поло, певно, спав у сідлі.
Адже далі на схід немає землі,
адже Індія—це межа, це те, що скраю.

Про який там схід можна казати, якщо
є стіна, за якою велике й німе Ніщо,
і Воно не любить нас не знати за що,
як здається нам, бо насправді Воно ніяке.
Так що тут зупинка для прощ і пущ,
і останній камінь, і дощ, і кущ,
і тому гординю в собі розплющ—
ця стіна не з тих, які беруть зарізяки.

Ця стіна—це примара така, об яку
розсипається Азія з її масивом піску,
розбиваються валки всі об неї, стрімку,
а над нею вже інший вимір: там Бог, світила.
Але ти приблуда, і доля твоя така:
мандрувати вниз, поки тече ріка,
поки віриш: на світло, немов з мішка,
можна все-таки вийти. Ціною дурного тіла.

2.

Marco Polo was lying when
he insisted that mules, oxen, and donkeys
brought him further to the east, above the abyss
of darkness and the Tibet of mist, to China.
His path was undoubtedly a spiral, a loop.
Meanwhile, Marco Polo probably slept in the saddle.
Because there's no land further to the east,
because India is the border, something on the edge.

What kind of east can we talk about if
there's a wall behind which rests a great and silent
Nothing, and It, or so it seems to us, doesn't know
why It doesn't like us, because in reality It is nihil.
Here's a stop during our pilgrimage through wilderness,
at the last stone, rain, and bush,
and here you have to destroy your pride—
that's not the kind of wall cutthroats can scale.

This wall is a sort of ghost against which
Asia is crumbling with its vastness of sand,
the caravans crash against it, it towers over them,
and above is another dimension: God, luminaries.
But you're a vagabond, and your fate is like that:
travel downhill for as long as the river flows,
as long as you believe: toward the light, and you can
still escape. Although it may cost you your stupid body.

3.

Увійшовши в хащі, де повно птиць,
уяви: природа—майстерня Бога,
по якій блукає твоя знемога.
Все, що можеш ти,—це упасти ниць.

Невблаганна зелень зійшла, як мор,
як потоп, як піна, слизька на дотик.
Ці рослини горді. Вони наркотик.
Ці рослини схожі на хор потвор.

«Але що там зелень! Вона—це тло
для рептилій, гемонів. Я вбираю
це гниття, цю розкіш—праобраз раю,
де не все збулося й повсюди зло».

Ти, що маєш меч і до нього дух
у спасеннім тілі, рубай, мов Юрій,
розпанахуй гемонів, гарпій, фурій,
розтинай пітонів, немов ропух!

Бо якщо вже тут збожеволів Бог
і вінцем творіння цей бестіарій,
де яріє регіт чортячих арій,—
ти повинен цим падлом встелити мох!

Ти повинен вийти з хащів, поки
над тобою Пані Ясна пребуде.
Ти, що світло маєш в очах приблуди,
мусиш вийти на срібло—і навпаки.

3.

Having entered thickets full of birds,
imagine: nature is God's workshop,
you wander through it, exhausted.
All you can do is humble yourself.

Relentless greenery descends like a plague,
like a flood, like foam, slippery to the touch.
These plants are proud. They're a drug.
These plants look like a chorus of monsters.

"But forget all that green! It's a backdrop
for reptiles, demons. I absorb
this decay, this luxury, a prototype of paradise,
but not fully realized, and evil's everywhere."

You who have a sword, as well as a spirit
in your redeemed body, chop like Saint George,
cut open demons, harpies, furies,
dissect pythons like toads.

Because if God has already gone crazy here,
and the crown of his creation is this bestiary
where the laughter of the devil's arias rages,
you have to cover the moss with this carrion!

You have to get out of these thickets
until La Belle Dame is right above you.
You who have the eyes of a vagabond, full of light,
you have to head toward silver. And vice versa.

4.

Звичайно, що ріка тяжіє тільки вниз,
повільна і в'язка, немов рослинний слиз,
коли твоя рука багром тримає спис.

І дивишся в ріку, і бачиш не рибин,
не мушлі на піску, що світяться з глибин,
не лілію тяжку і ясну, мов ясмин.

А бачиш, мов у сні, своє лице в ріці—
самотність у човні, з жердиною в руці,
своє лице на дні і рану на щоці.

На берегах цих вод живе химерний люд:
покручений народ впав на рівнину тут.
Ти зажадав—і от поглянь на цих паскуд!

В них тисячі принад: копитця, мов у кіз,
кохання через зад, а їжа через ніс,
у них немає «над», у них темніє ліс.

В них черева, мов льох, а їхня кров—узвар,
в них дух, як мова, всіх, в них мова, як в татар,
в них шестирукий бог і довгорукий цар.

Хто розв'язав цей міх і випустив на світ
знічев'я, мов на сміх, цих власників копит,
хто дав їм для утіх жадання бути «під»?

4.

Of course, the river only gravitates downhill,
slow and vicious like a slime of vegetables
when you have a pike pole in your hands.

And you look into the river and see no fish,
no shells on the sand shining from the depths,
no water lily heavy and clear like jasmine.

And you see, as in a dream, your face in the river—
loneliness in a boat, with a pike in your hands,
your face on the riverbed, a wound on your cheek.

A strange people live on the shores of these waters:
twisted folks ended up on the plain here.
You wanted this—and look at these bastards!

They have thousands of charms: hooves like goats,
love through the ass and food through the nose,
they don't have any "above," they have a forest that
    darkens.

Their bellies are like a cellar, and their blood is stewed fruit,
their spirit, like a language, has dried up, their language
    like the Tatars',
they have a six-armed god and a long-armed king.

Who opened this box and released them into the world
so carelessly, as if to mock them, these people with hooves,
who gave them the desire to be "below" for fun?

Захищений плащем, тримаючись багра,
пливеш крізь рев сурем з-під серця і ребра
туди, де вхід в Едем. І в пекло теж діра.

Protected by your coat, wielding your pike, you swim through the roar of trumpets under your heart and ribs to the entrance to Eden. And the hole to hell, too.

5.

Повсюдна присутність у хащах тритонів, драконів,
грифонів, піфонів і те, як шаліють коти,
обернуті в духів, поява комет і циклонів—
ознаки, що дихає пекло десь поруч. І ти
знаходиш цей отвір, ступаєш у сморід і морок
і йдеш над вогнем. І хитаються ветхі мости,
і хто його знає—чорти і хорти, і хвости.
Хрести себе знай ненастанно—сто сорок по сорок
разів. Ця виправа для тебе воєнна,
за поли плаща і за плечі хапає геєна,
за піхви меча і за лікті, і чуєш: «Плати!».
Гей, ви, там на небі, поглухли?!

                          Святі з висоти
втручаються рідко в перебіг подій, але вчасно.
Ангели женуть, як воскреслі пілоти,—по три,
а то і по п'ять, і по сім, і цвітуть непогасно
мечі в них і крила, й тебе визволяють з діри,
і сад задля тебе розгорнуто вздовж вертикалі:
дерева все вищі, птахове все ближчі й дари
щораз солодші, вагоміші. Це прапори,
тимпани, тюльпани й так далі, і книги в перкалі,
і кисень, і мед, і так далі. І ти, над земною
поверхнею піднятий все-таки, над площиною,
і вже не вернешся, хоч кров'ю зійди, хоч згори!
Тобі залишається рівно світити згори.

5.

In the thickets, the ubiquitous presence of newts,
dragons, griffins, pythons, frenzied cats which have turned
into spirits; the appearance of comets and cyclones—
signs that hell is breathing somewhere near. And you
find that hole, you step into the stench and darkness
and walk over fire. And dilapidated bridges shake,
and who knows what else—devils, greyhounds, waving tails.
You cross yourself, like, ceaselessly—one hundred forty
times by forty. This journey is a military one for you,
hell grabs the scabbard of your sword, your elbows,
the fringe of your coat, your shoulders, and you hear: "Pay up!"
Hey, have you all gone deaf in heaven?

                            Saints from above
rarely intervene but when they do, they're always on time.
Angels race around like resurrected pilots—three at a time,
or even in fives, in sevens, their swords and wings
sprout relentlessly, they'll rescue you from this hole,
unveil a garden for you high above: trees grow
taller, birds come closer, gifts grow sweeter,
greater with each moment. Here are flags,
timpani, tulips, and all the rest, and books in percale,
and oxygen, and honey, and so on. And you are raised
above the earth's surface, in the end, above the plane,
and you won't come back, even if you bleed or burn!
All that's left for you is to shine from up above.

Notes

"ELEGY FOR THE SIXTIES"
songs of the prodigy Robertino spread through the world: Roberto Loreti (b. 1947), known by stage name Robertino, is an Italian singer. He is chiefly famous for songs he performed as a teenager.

"THE 1826 LEMBERG CATASTROPHE"
Ivan Krypiakevych (1886–1967) was a noted Ukrainian historian whose *Historical Walking Tours of Lviv* (Istorychni prokhody po L'vovi; 1932) was only reprinted in 1991, after perestroika.

"OLD OLIYNYK"
he survived three wars, the reigns of three josephs: Franz Joseph I (1830–1916), Józef Piłsudski (1867–1935), and Joseph Stalin (1878–1953).

"DR. DUTKA, PH.D."
with a white beard like Hrushevsky: Mykhailo Hrushevsky (1866–1934) was a distinguished historian, prominent civic and political leader and writer. He led the short-lived independent Ukrainian republic.

"WOLF MESSING. PIGEON EXPULSION"
Wolf Messing (1899–1974) was a self-proclaimed psychic, telepath and stage hypnotist. Born in the Warsaw vicinity (then part of the Russian Empire), he lived at first in Berlin until moving to the Soviet Union in 1939.

"A CHRONICLE OF 1719"

In his book *Stanisławów and Stanisławów county in historical and geographical-statistical terms* (Stanisławów i powiat stanisławowski pod względem historycznym i geograficzno-statystycznym; 1887), Polish historian Aloizy Szarłowski (1845–1911) notes that in 1719 a witch was publicly burned in Stanisławów (now Ivano-Frankivsk). According to the historian, this was the last such witch hunt in the city and its vicinity.

"VANIA THE CAIN"

Earlier Ukrainian publications of this poem include the subtitle "Based on an old Moscow lubok." Luboks began as Russian popular prints hung as home decorations. Eventually the term was also applied to early picture books, which became popular during the second half of the 17th century.

you throw your kozhukh under my feet: A kozhukh is a traditional Ukrainian fur coat, at times decorated with embroidery or other accessories.

"TO MS. VARVARA L."

Varvara Langisz was the daughter of the head of the Lviv Orthodox brotherhood (operating in the 17th century) and died at a young age. In 1635, the artist Mykola Petrakhnovych (ca. 1600–after 1666) painted her coffin portrait. The portrait is now kept at the Lviv Historical Museum.

"UNDERGROUND ZOO"

Bohdan Ihor Antonych (1909–1937) was a poet, critic and prose writer. Born in what is now Poland, Antonych moved to Lviv to study at a local university and remained there until his early death at twenty-seven. Antonych is considered one of the most significant modernist poets who influenced generations of poets. The epigraph is from the poem "Trumpets of the Last Day" ("Surmy ostannioho dnia").

"[TRAVELING FROM HERE TO THE MIDDLE AGES]"
these guys are like those described by Lombroso: Cesare Lombroso
(1835–1909), Italian eugenicist, is known for his theory of anthro-
pological criminology which asserts that criminality is inherited
and physically manifested.

"[MEANWHILE, I'M TRAVELING AROUND MOSCOW]"
that is by convicts, you recall not Buzzati: Dino Buzzati (1906–
1972) was an Italian novelist, short story writer and poet. At times,
his writing is cited as magical realism or social alienation.

and you stand there gaping, like Khoma Brut: Khoma Brut, a
merry-making philosopher, is a character in the horror novella
"Viy," by the writer Nikolai Gogol, first published in the collection
Mirgorod (1835).

"[HAVING BOUGHT A TICKET WITH MY LAST PENNY]"
Towards Irvanets and Neborak: The poets Oleksandr Irvanets
(b. 1961) and Viktor Neborak (b. 1961), together with Andrukhovych,
co-founded the poetic and performance group Bu-Ba-Bu in 1985.
The Flying Head and Other Poems, a collection of poems by Viktor
Neborak, appeared in English translation in 2005.

Translators' Acknowledgments

THE TRANSLATORS would like to thank Yuri Andrukhovych, Edwin Frank, Alex Andriesse, and each other for their collaboration on this project. They're grateful to the National Endowment for the Arts for a translation fellowship that enabled work on this project.

Ostap Kin would also like to thank Polina Barskova, his interlocutor, for both challenging and inspiring. John Hennessy would also like to thank Ru Freeman for her encouragement and support, and Maria de Caldas and Pierre Hoonhout for their fine hospitality while working on these translations.

Thanks to the editors of the following journals and online outlets for publishing these translations, at times in a slightly different form: *Poetry, The New York Review of Books*, the *Times Literary Supplement, New England Review, The New Statesman, Poetry Northwest, Asymptote, Circumference, Exchanges, Common Knowledge, Volume Poetry, Columbia Journal, The Brooklyn Rail, European Literature Network*.

—J.H., O.K.

DANTE ALIGHIERI The New Life
Translated by Dante Gabriel Rossetti; Preface by Michael Palmer

KINGSLEY AMIS Collected Poems: 1944–1979

YURI ANDRUKHOVYCH Set Change
Translated by Ostap Kin and John Hennessy

ANTONELLA ANEDDA Historiae
Translated by Patrizio Ceccagnoli and Susan Stewart

GUILLAUME APOLLINAIRE Zone: Selected Poems
Translated by Ron Padgett

AUSTERITY MEASURES The New Greek Poetry
Edited by Karen Van Dyck

CHARLES BAUDELAIRE Flowers of Evil
Translated by George Dillon and Edna St. Vincent Millay

SZILÁRD BORBÉLY Berlin-Hamlet
Translated by Ottilie Mulzet

SZILÁRD BORBÉLY In a Bucolic Land
Translated by Ottilie Mulzet

ANDRÉ BRETON AND PHILIPPE SOUPAULT The Magnetic Fields
Translated by Charlotte Mandel

MARGARET CAVENDISH *Edited by Michael Robbins*

AMIT CHAUDHURI Sweet Shop: New and Selected Poems, 1985–202

NAJWAN DARWISH Exhausted on the Cross
Translated by Kareem James Abu-Zeid; Foreword by Raúl Zurita

NAJWAN DARWISH Nothing More to Lose
Translated by Kareem James Abu-Zeid